职业院校新形态通识教育系列

就业指导与创新创业教育

Employment Guidance and Education of Innovation and Entrepreneurship

微课版

陈秀双 李志坚 / 主编　　周宏宇 王雪陶 周盼 / 副主编

人民邮电出版社
北京

图书在版编目（ＣＩＰ）数据

就业指导与创新创业教育：微课版 / 陈秀双，李志坚主编. -- 北京：人民邮电出版社，2023.9
职业院校新形态通识教育系列教材
ISBN 978-7-115-62445-1

Ⅰ. ①就… Ⅱ. ①陈… ②李… Ⅲ. ①职业选择—职业教育—教材 Ⅳ. ①G717.38

中国国家版本馆CIP数据核字(2023)第144778号

内 容 提 要

本书按照职业院校毕业生求职和创业的过程，较详细地阐述了自我认识、职业认识、职业素养、求职面试、就业指导、创新培养、创业准备与实施等内容，还对创业案例进行了分析。通过学习本书，学生能掌握就业与创业的基本知识，具备符合职业需要的职业素质，能够树立正确而务实的职业理想；学会依据社会发展、职业需求和个人特点树立就业观念；了解就业的政策、类型、程序，掌握与劳动就业权益相关的知识；增强自身综合素质，提升自主择业、立志创业的自觉性和主动性，为即将走向社会做好就业准备。

本书既可以作为职业院校就业、创业等通识课的教材，也可以供想提升自己就业和创业能力的读者阅读。

◆ 主　　编　陈秀双　李志坚
　　副 主 编　周宏宇　王雪陶　周　盼
　　责任编辑　楼雪樵
　　责任印制　王　郁　彭志环
◆ 人民邮电出版社出版发行　　北京市丰台区成寿寺路 11 号
　　邮编　100164　　电子邮件　315@ptpress.com.cn
　　网址　https://www.ptpress.com.cn
　　河北京平诚乾印刷有限公司印刷
◆ 开本：787×1092　1/16
　　印张：10　　　　　　　　　　　　2023 年 9 月第 1 版
　　字数：228 千字　　　　　　　　　2023 年 9 月河北第 1 次印刷

定价：42.00 元

读者服务热线：(010)81055256　印装质量热线：(010)81055316
反盗版热线：(010)81055315
广告经营许可证：京东市监广登字 20170147 号

前言
FOREWORD

就业是民生之本、安国之策，是人民改善生活的基本前提和基本途径。制定积极的就业政策、建立促进就业的长效机制、实现充分就业已经成为构建和谐社会的重要目标之一。2022年4月修订的《职业教育法》第三十九条规定："职业学校应当建立健全就业创业促进机制，采取多种形式为学生提供职业规划、职业体验、求职指导等就业创业服务，增强学生就业创业能力。"

党的二十大报告提出，"深入实施科教兴国战略、人才强国战略、创新驱动发展战略，开辟发展新领域新赛道，不断塑造发展新动能新优势"。创新创业教育实际上是素质教育、创新教育的一部分，是适应知识经济发展、拓宽就业门路和构建国家创新体系的长远大计。创新创业教育的根本目的就是要提高职业院校学生的就业能力，使毕业的学生获得持久的职业生涯保障。

为切实有效地为学生就业创业提供指导与帮助，我们针对职业院校学生的特点组织编写了本书。本书的体例及模块设计如下。

★开篇思考：用问题引入，激起学生的思考，带着问题进入本篇内容的学习。

★至理名言：以名人名言引出每节课的内容。

★看图悟道：以唐僧师徒取经插图引出问题，让学生思考其中的道理。

★学以致用：提供就业、创业相关实践活动，让学生达到学以致用的目的。

★知识拓展：补充和深化相关内容，使学生获得更多知识。

本书在编写时融入素质教育，落实课程思政建设，帮助学生塑造正确的世界观、人生观、价值观，素质教育相关栏目设计如下。

★育人目标：概述每篇的主要学习目标和素质教育目标，为学生指明学习方向。

★文化贴士：宣传我国优秀人物及其突出成果，引导学生树立正确的价值观，培养家国情怀。

★素养提升：介绍我国在择业、就业、创新、创业方面榜样人物的故事。

编者在编写本书的过程中，参考了许多文献资料，在此对这些资料的作者表示真诚的感谢。

由于编者水平有限，书中难免存在不足之处，敬请广大读者批评指正，以求日臻完善。

编　者

2023 年 5 月

目 录
CONTENTS

就业指导与创新创业教育
（微课版）

第一篇

知人者智，自知者明
——自我认识

开篇思考

你喜欢做什么？
你能做什么？

育人目标

1. 认识自己，既要了解自己的优势与强项，也要了解自己的不足与弱项，做到扬长避短；把学业发展与自己的兴趣爱好、成长资源等结合起来，在综合考虑的基础上，选择一条适合自己的人生路线。

2. 理性地进行职业定位，立志做有理想、敢担当、能吃苦、肯奋斗的新时代好青年，让青春在全面建设社会主义现代化国家的火热实践中绽放。

第一课　百学须先立志
——确定理想与自我分析

至理名言

古之立大事者，不惟有超世之才，亦必有坚忍不拔之志。——苏轼
志不可一日坠，心不可一日放。——王豫

看图悟道

想一想，你最初的梦想是什么？

_____

_____

理想是指人们希望达到的人生目标和追求向往的奋斗前景。理想的事物是以人对现在的认识为参照的。

一、我的梦想

1. 最初的梦想

小时候，大家都有各种各样的梦想，或想当一名宇航员，或想做一名辛勤耕耘的园丁……随着时间的流逝，大家渐渐成长为少年、青年，梦想也越来越与现实接轨。现在的你，所拥有的梦想和确立的目标是不是紧贴现实了呢？

"想要壮志凌云，就要脚踏实地。"如果最初的梦想与现实相距太遥远，你就需要考虑重新确立一个切实的目标；如果最初的梦想仍然颇具可行性，那么你所要做的便是坚持不懈、勇往直前。

文化贴士

文徵明幼时并不聪慧，他的父亲为此常常叹气，并认为这个儿子不会有什么出息。但年少的文徵明不服输，他刻苦读书，虚心向师友请教。最终，他成了集诗、文、书、画于一体的大家，备受当世及后世的推崇。

2. 理想

理想是人生的奋斗目标，是人们对未来的有可能实现之事的想象。确立正确的理想，对于我们来说有很大的帮助。在生活理想上，我们要追求健康的生活方式，做生活的强者；在职业理想上，我们要把社会发展需要和自身实际结合起来，做社会的有用人才；在道德理想上，我们要养成良好的品德，做高尚的人；在社会理想上，我们要志存高远，成为大有作为的人。有了正确的理想，我们才能"长风破浪会有时，直挂云帆济沧海"。

我们每个人都拥有最初的梦想，也许随着时间的流逝，这个梦想已经渐渐模糊。只有脚踏实地，坚持理想，永不言弃，才可能获得成功，最终实现自己的理想。

> 著名的汽车大王福特自幼帮父亲在农场干活。年少时，他就在头脑中构想出一种能够在路上行走的机器，这种机器还可以干农活。当时他的父亲要求他必须在农场当助手，不过福特坚信自己可以成为一名出色的机械师。于是，他刻苦学习机械知识，之后又潜心研究蒸汽原理，试图实现他的目标，却没成功。随后他又投入对内燃机的研究中。1892年，福特终于成功地制造出他的第一辆汽车。

 福特小时候就有一个理想，在成长的过程中也一直在为这个理想努力奋斗，所以他最终实现了自己的理想。

3. 理想的特点

理想是一种合理的想象，有别于幻想、空想和妄想。

理想具有实践性、社会性和超前性三大特点。

（1）实践性。理想的实践性是指作为一种想象，理想正确地反映客观实际、正确地反映现实与未来的关系、符合事物变化和发展的规律、经过努力可以实现。

（2）社会性。理想是人类特有的精神现象，具有鲜明的社会性。理想的社会性是指理想不是脱离社会的，孤立、个人的随意想象，而是由社会制约和决定的想象。

> 黑火药是人类最早使用的火药，是硝石、硫黄和木炭三种粉末的混合物，是我国劳动人民在一千多年前发明的。黑火药闻名于世，被称为我国古代四大发明之一，在化学史上占有重要的地位。炸药是由诺贝尔发明的。诺贝尔发明炸药的初衷是为了造福人类。诺贝尔在发明炸药的过程中历经了各种磨难和伤痛。诺贝尔在父亲的工厂里工作到1859年，之后开始制造液体炸药——硝化甘油。在这种炸药投产后不久的1864年，工厂发生爆炸，诺贝尔的弟弟埃米尔被炸死。瑞典政府禁止他继续进行此类试验。被认为是"科学疯子"的诺贝尔只好在湖面的一艘船上进行试验。一次偶然的机会，他发现硝化甘油可以被干燥的硅藻土吸附，所制成的混合物可以安全运输。炸药投放市场后，应用范围不断扩大。诺贝尔是一位和平主义者，但其发明的炸药却被用于战争，这让诺贝尔很痛苦。

 包括诺贝尔在内的许多发明家具有强烈的社会责任感，他们的个人理想总是和社会紧紧地联系在一起。诺贝尔发明炸药的初衷是希望它能够在工业生产及工程建设中发挥作用，他不希望炸药给人类带来灾难。

（3）超前性。理想的超前性是指人们在现实生活的基础上希望达到的人生目标和追求向往的奋斗前景。

> 飞机是20世纪的重大发明之一。人类自古以来就渴望像鸟一样在天空中飞翔。中国人在两千多年前发明的风筝，虽然不能把人送上天空，但确实可以被称为飞机的雏形。

20世纪初，美国有一对兄弟在世界飞机发展史上做出了重大贡献，他们就是莱特兄弟。当时，大多数人认为飞机依靠自身的动力不可能实现飞行，而莱特兄弟却不相信这种结论。从1900年到1903年，他们进行了无数次滑翔试飞，终于在1903年12月制造出了第一架依靠自身动力载人飞行的飞机——"飞行者"，并且成功试飞。这是人类在飞机发展史上取得的巨大成功。他们因此于1909年获得美国国会荣誉奖。同年，他们创办了莱特飞机公司。

飞机对于现代人来说已经不是什么新鲜事物，但在飞机出现以前，机器能够飞在空中，并且能够载人，这不能不说是一个"美丽的幻想"。造飞机是一个很有超前性的理想，千百年来，人类执着于这个理想，最终实现了它。

4. 事业理想

事业理想是人们在一定社会部门从事具有一定目标、规模和系统的对社会发展有影响的社会生产或其他社会活动的理想，一般有两层意思：一是指对某项事业未来发展方向和目标的构想，如理想的教育事业、理想的科学事业等；二是指人们对从事某项事业并达到一定目标的构想，如从事文学事业的理想、从事商业的理想、从事电子工业的理想等。一般说的事业理想指后者，人们常说的"有事业心""事业心强"，就是指这种事业理想。

5. 职业理想

职业是指个人在社会生活中从事的获取物质生活来源的工作。职业理想是个人从事某种专业劳动工作的理想。职业理想的内容包括两个方面：一是人们对一定职业未来发展的理想；二是人们期望从事一定职业并做出成绩，获得物质财富和精神财富、满足基本需要、实现自我价值的理想。一般说的职业理想指后者。

小申是安徽省某师范学校的毕业生。小时候的她就树立了当教师的理想，并愿意为之不断奋斗。在她的心目中，教师这个职业无上光荣。在校期间，她认真学习专业知识，苦练基本功。毕业后的她进入当地的一所小学，如愿成为一名光荣的人民教师。

为理想而奋斗是一件快乐而骄傲的事情。小申从小就树立了成为教师的职业理想，并一直努力奋斗，最终实现了自己的理想。

6. 创业理想

创业理想就是开拓、创建新事业的理想，是创业主体对开拓、创建新事业的科学设想，是创业活动的理论认识。创业理想不仅是整个创业活动的意识形态，包含对创业内容、目标、途径和方式的设想，还是创业主体情感、兴趣、志向、特长乃至道德和审美理想的全面体现。创业理想是以创业内容和目标为核心，充分体现创业主体情感、兴趣、志向、道德、审美观的美好愿景，是创业主体在理性、情感、精神的综合作用下构想的未来现实。因而，不能把创业理想单纯理解为创业实践活动的某一简单的金钱目标、权力目标、地位目标或名誉目标，创业理想必须体现创业主体全面自我实现、满足社会需要的完整的新的价值。

小舟毕业 5 年就已成为当地有名的创业之星。通过几年的奋斗，他现在的个人资产已经远远超过同龄人。小舟现在的公司里还有一批小舟的校友，大家共同奋斗，为公司的发展贡献自己的力量。直到现在，小舟还保持着开始创业时的激情。他说："现在公司的回报率是 100%，我觉得这还远远不够，希望我们可以做得更好。"

　　随着社会的发展，自主创业的人越来越多。小舟便是自主创业并实现理想的代表人物。小舟心怀创业理想，努力奋斗，最终获得了成功。

7. 如何实现理想

　　如果将理想比作金字塔，那么实现理想的路程就是建造金字塔的过程。巍峨雄伟的金字塔，是人类智慧的结晶。金字塔是由一块块石头垒起来的，没有它们，金字塔就不可能高耸。这一块块石头，便是被细化了的目标。将一个大目标细分为若干个小目标，是实现理想的重要方法。

　　1984 年，在东京举办的国际马拉松邀请赛中，名不见经传的日本选手山田本一出人意料地夺得了冠军。当记者问他如何取得如此惊人的成绩时，他说："凭智慧战胜对手。"当时大家都认为，这个偶然成功的小伙子是在故弄玄虚。马拉松是考验体力和耐力的运动，只要身体素质好又有耐力，就有望夺冠，凭智慧取胜听起来似乎有些勉强。两年后，山田本一代表日本参加意大利国际马拉松邀请赛。这一次，他又夺得了冠军。记者又请他谈经验，山田本一性格内向，不善言谈，回答的仍然是上次那句话："凭智慧战胜对手。"这回记者还是迷惑不解。

　　10 年后，这个谜底终于揭开了。

　　山田本一在他的自传里这样写道："每次比赛前，我都要乘车把比赛的线路仔细看一遍，并把沿途比较醒目的标志画下来，如第一个标志是银行，第二个标志是一棵大树，第三个标志是一座红房子……这样一直画到赛程的终点。比赛开始后，我就奋力地向第一个目标冲去，到达第一个目标后再奋力地向第二个目标冲去。40 多千米的赛程，被我分解成这么几个小目标后，就变得相对容易了。起初，我不懂这个道理，我把我的目标定在 40 多千米外终点线的那面旗帜上，结果跑到十几千米处就疲惫不堪了，我被前面那段遥远的路程给吓到了。明白这个道理之后，我将大目标分解为若干个小目标，再坚持下去便不是难事了。"

　　在实现理想的过程中，把长期的理想分为若干个短期理想，把一个大目标科学地细分成若干个切实可行的小目标，每实现一个小目标就得到一次激励，能推动我们不断地前进，最终实现自己的理想。

　　理想基于现实，又超越现实，它指引人们走向更美好的生活，体现人类的尊严和生生不息的进取心。没有它的指引和支撑，人类不可能发展到今天。

　　我们要坚持自己的理想，脚踏实地去奋斗。"穷且益坚，不坠青云之志"，想要壮志凌云，就必须脚踏实地，在树立理想的同时，对自己的兴趣、能力有客观的认识。

二、全面认识自己

　　认识自己不是一件容易的事情。很多人常常忙于向外看，看自然界、社会、他人，看得眼花缭乱，很少有闲暇来看自身。即便有时看看自身，他们也只是扫视一下自己的外表。这种"物镜"对于我们认识自己有很大的局限性，只能让人看到自己的正面。我们可以借助"心镜"来反省，但要拂去从内在

微课

全面认识自己

的自然和外在的自然飘来的"尘埃"。

1. 自我评价

自我评价是自我认识的一种形式，是主体对自己思想、愿望、行为和个性特点的判断和评价。它是自我意识发展的产物，是自我教育的重要条件。

自我评价的一般规律是：评价他人的行为—评价自己的行为—评价自己的个性品质。人对自己的思想、愿望、行为和个性特点的评价，既能直接影响学习和参与社会活动的积极性，也能影响与他人的交往。一个人只有正确、如实地认识和评价自己，才能正确地处理自己与社会、集体及他人的关系，才能克服缺点、发扬优点，在工作中充分发挥自己的作用。

2. 自我评价的原则

（1）适当。不适当的自我评价即自我评价过高或评价过低。过高的自我评价往往会使自己脱离实际，意识不到自身条件的限制，自傲狂妄，甚至由自信走向自负。过低的自我评价往往会使自己忽视自身的长处，缺乏自信，过于自卑，以致无法发挥自己的价值。总之，过高或过低的自我评价对自己都是不利的。

（2）全面。全面是指既要看到自己的优点，也要看到自己的缺点；既要评价自己某一方面的特长，也要评价自己的整体素质。任何一种片面、孤立的自我评价，都不可能全面而正确地反映一个人的情况。

（3）客观。尽管是自己对自己进行观察、分析和评价，也必须以客观事实为基础和依据。人贵有自知之明，但自知的过程往往会受到个人主观因素的限制和干扰。只有努力克服和排除这种限制和干扰，才能使自我评价趋于客观和真实。

（4）以发展变化的眼光看待自己。自我评价不但应当对自己当下的情况做出适当、全面、客观的评价，而且应当着眼于未来的发展变化，预见性地估计出自己的发展潜力和前景。

3. 自我认识的内容

自我认识是对自我性格、行为、情感、价值、社会角色等与自我有关的一切因素的认识，包括生理自我、心理自我、理性自我和社会自我四个部分。

（1）生理自我主要包括对自己性别、形体、容貌、年龄、健康状况等生理特点的认识。

（2）心理自我主要包括对自己性格、气质、意志、情感、能力等心理过程、心理状态和心理特征的评价。

（3）理性自我主要包括对自己思维方式和方法、知识水平、道德水平等的评价。

（4）社会自我主要包括对自己在社会上所扮演的角色，在社会中的责任、权利、义务、名誉，他人对自己的态度及自己对他人的态度等的评价。

具体来说，学生可以从以下两个方面进行自我评价。

一方面，分析自己的综合素质、能力，如学习成绩在全班中的名次，技能、体力、品德、心理素质及特长、爱好，出众的能力等。

另一方面，分析自己的性格和气质。一个人的性格和气质对所从事的工作有一定的影响。一个人如果能从事与自己的性格和气质相符的工作，就更容易出成绩。

在择业过程中，学生需要思考以下问题：自己具有哪些优势、哪些劣势，该如何扬长避短；自己究竟想做什么；自己想在哪一方面有所发展，想成为什么样的人才；自己的"满足感"是什么，"价值标准"是什么；自己在求职时最关心的是什么。这些问题能让自己清楚在求职时到底注重什么，哪些是主要的、哪些是次要的。

学以致用 ■----------------------------------

我是一个什么样的人

活动准备：白纸、笔；邀请自己的父母、老师、同学做搭档。

步骤一：取出五张白纸，在前两张纸上分别写上"我是谁""我眼中的自己是什么样的"，在后三张纸上写上"别人眼中的自己是什么样的"。

步骤二：在第一张白纸上认认真真地写下自己的姓名。

步骤三：静下心来，排除杂念，面对心灵最深处的自己，在第二张白纸上写下自己眼中的"我"是什么样子的，想到什么就写什么。

步骤四：请自己的父母、老师、同学分别在第三、第四、第五张白纸上写下他们眼中的你。

步骤五：认真比较第二、第三、第四、第五张白纸上的答案，将内容相近或相同的答案用一条横线连起来，看看有几条横线。

这些横线指向的就是你大致的样子。如果想对自己有更加全面的认识，你可以去专业机构进行测评。

知识拓展

自我认识——橱窗分析法

心理学家曾把对个人的了解比作橱窗。为了便于理解，我们把橱窗放在直角坐标系中加以分析。坐标的横轴正向表示别人知道，负向表示别人不知道；坐标的纵轴正向表示自己知道，负向表示自己不知道。坐标橱窗图如图1-1所示。

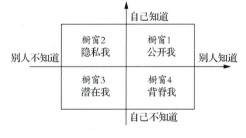

图1-1　坐标橱窗图

橱窗1为自己知道、别人知道的部分，称为"公开我"，属于个人展现在外、无所隐藏的部分。

橱窗2为自己知道、别人不知道的部分，称为"隐私我"，属于个人的私有部分。

橱窗3为自己不知道、别人也不知道的部分，称为"潜在我"，是有待开发的部分。

橱窗4为自己不知道、别人知道的部分，称为"背脊我"，犹如一个人的背部，自己看不到，别人却看得很清楚。

根据4个橱窗可知，我们需加强了解的是橱窗3和橱窗4。

橱窗3是"潜在我"。科学研究发现，每个人都有巨大的潜能，平常只发挥了极小部分的大脑功能。一个人如果能发挥一半的大脑功能，就能轻易地学会40种语言，背诵整套百科全书，获得12个博士学位。著名心理学家奥托指出，一个人一生所发挥出来的能力，只占他全部能力的4%，也就是说，一个人96%的能力还未开发。赫赫有名的控制论奠基人维纳认为，可以完全有把握地说，一个人即使做出了辉煌成就，他的一生中利用的大脑潜能也不到百亿分之一。由此可见，认识、了解"潜在我"，是自我认识的重点之一。

橱窗4是"背脊我"。一个人如果能够诚恳、真心实意地征询他人的意见和看法，就可以了解"背脊我"。

第二课　天高任鸟飞——职业兴趣分析

至理名言

生活就像海洋，只有意志坚强的人，才能到达彼岸。——马克思

天才是由于对事业的热爱而发展起来的。——高尔基

看图悟道

想一想，你喜欢什么样的职业？

_____

_____

俗话说："萝卜青菜各有所爱。"每个人的喜好不同，选择也会不同。在我们选择职业时，职业兴趣就像一双无形的手，引导我们找到最适合自己的职业。

一、职业兴趣

兴趣是人们力求认识、掌握某种事物，并经常参与相关活动的心理倾向。或者说，兴趣是人们积极探究某种事物的认识倾向，如有的人喜欢观察大自然的变化，有的人喜欢操作计算机，有的人喜欢研究数学，有的人喜欢文学等。人们对某种职业感兴趣，就会对该种职业活动表现出肯定的态度，并积极思考、探索和追求。

职业兴趣是人们关注某种类型的职业活动或被其吸引，从而对此类型的职业活动形成比较稳定且持久的心理倾向。它让人对某种职业高度关注，并产生向往的情感。了解自己的职业兴趣，培养自己的职业兴趣，将会影响一个人对工作的投入程度。一个人对某项职业有兴趣，才会热爱这一职业，才会激发对这一职业的强烈的求知欲、探索欲，才会有所发明、有所创造、有所进步。这既是一种自我开发和展露，也是对工作的促进和推动，有助于事业的成功。反之，一个人如果被强迫做自己不愿意做的工作，就会造成精力、才能上的浪费。不同的职业需要不同的兴趣。

"全国最美中职生"吴鑫淼同学来自上海市经济管理学校商务系商务日语专业16013班，以下是他的演讲内容。

我的兴趣爱好主要涉及两个领域，一个是城市交通，另一个是非遗文化。这两样东西听起来都很深奥，但我对它们产生兴趣的原因却非常简单。前者源于我对公交车的兴趣，后者源于我对江南水乡的热爱。

我进入上海市经济管理学校后，老师们不但没有反对我的兴趣爱好，反而给予我支持和鼓励，教我如何将兴趣爱好引入社会实践。就这样，我在平时除了拍摄车辆照片、四处游走外，还经常沿着家门口的一些线路访问路人，倾听驾驶员的烦恼与乘客的意见，将常见的问题收集下来。在2017年的10月，我撰写了一篇名为《上海地面公交未来发展方向》的论文，提出上海公交必须向绿色化、智能化、人文化三个方向发展，结果在答辩环节获得在场专家、领导的一致认可，荣获二等奖。同年，我创建了交运社，希望通过新媒体手段让大家爱上公交这一绿色出行方式。

公交研究和非遗保护之间有没有联系呢？有的。

当我第一次在苏州市区乘坐游2线公交车时，公交车上的苏州话报站让我顿时对苏州好感倍增。回到上海后，我在网上偶然看见一个名为《全国最美方言》的视频，视频讲述了一位名叫胡舒宁的苏州年轻外语老师建立苏白学堂并在方言保护之路上一步步前进的故事。小桥流水，吴侬软语，让我对生活中常说的吴语有了浓厚的兴趣。

作为上海青年，我们不但要传承、保护我们上海的文化底蕴，而且要提高自身的能力，努力学习，谨遵"海纳百川，追求卓越，开明睿智，大气谦和"的城市精神，塑造上海形象，打造上海高度。兴趣爱好的起源多是浅显、表面的，但如果将兴趣爱好深度化、专业化，甚至与学习挂钩，你就会得到人生前进的助推器。

 兴趣是最好的老师。发掘自己的兴趣，全力做自己喜欢的事情，就能找到前进的方向，也更容易取得非凡的成就。

二、职业兴趣的发展和分类

兴趣的发展一般会经历有趣、乐趣和志趣三个阶段。一个人的兴趣可能有很多种，但一般只会经历前两个阶段。当人们的兴趣发展到第三个阶段，并在现实社会中能够指向某一职业时，就形成了职业兴趣。职业兴趣按成因可分为以下两种。

微课

职业兴趣的
形成和分类

（1）兴趣导向型。就业者由于对某类事物感兴趣，进而使这类事物在社会活动中所映射的具体职业成为自己的兴趣和志向所在。

（2）职业导向型。在现实生活中，因个人的兴趣而找到理想职业的情况并不经常出现。很多时候，就业者不得不把职业作为生存的手段而暂时放弃个人兴趣。此后，在长期的工作中，随着职业环境、职业教育的深入影响及就业观念的成熟化、理性化，就业者对本职工作逐渐产生兴趣。

目前，已有的职业分类体系虽可以将国民经济各行业进行科学、合理划分，但对于刚毕业的学生来说，职业的概念仍然是比较抽象的，关于职业的认识也是朦胧的，择业的过程依然是盲目和缺乏前瞻性的。因此，依据兴趣选择与之适应的职业，是刚毕业的学生选择职业的理想依据之一。

加拿大《职业岗位分类词典》把分属于国民经济中主要行业的职业划分为 23 个主类，主类下分 81 个子类，489 个细类，7200 多个职业。此种分类对每种职业都有定义，逐一说明了各种职业的内容及从业人员受教育程度、兴趣、性格等方面的要求。现将其中部分内容归纳如下。

1. 愿与事物打交道

这类人喜欢与事物打交道，而不喜欢与人打交道；适合从事的职业有制图员、勘测员、工程技术员、建筑工、机械师、出纳、会计等。

2. 愿与人接触

这类人喜欢与人接触，对销售、采访、传递信息类的活动感兴趣；适合从事的职业有记者、推销员、服务员、教师、行政人员、外交联络人员等。

3. 愿做有规律的工作

这类人喜欢常规、有规则的活动，习惯在预先安排好的程序下工作；适合从事的职业有邮件分类员、图书管理员、档案管理员、办公室文员、打字员、统计员等。

4. 喜欢从事社会福利和助人的工作

这类人乐意帮助他人，试图改善他人的状况，为他人排忧解难；适合从事的职业有律师、咨询人员、科技推广人员、医生、护士等。

5. 愿做领导和组织工作

这类人喜欢掌管事情，希望受到众人尊敬和获得声望；适合从事的职业是各级各类组织领导管理者，如行政管理人员、企业管理人员、学校领导、辅导员等。

6. 喜欢研究人的行为

这类人对人的行为举止和心理状态感兴趣，喜欢涉及人的主题；适合从事研究人、管理人的工作，如心理学、政治学、人类学、人事管理、思想政治教育等研究工作及教育、行为管理工作。

7. 喜欢从事与科学技术相关的工作

这类人对分析、推理、测试等活动感兴趣，擅长理论分析，喜欢独立地解决问题，也喜欢通过实验获得新发现；适合从事生物、化学、工程学、物理学、地质学等研究工作。

8. 愿从事抽象的创造性工作

这类人的个人才能较强，善于独立研究、发现和解决问题；适合从事的职业有科学研究人员、实验室工作人员、新产品和新材料的开发研制人员等。

9. 喜欢从事操作机械的技术工作

这类人对运用一定技术操作各种机械、制造新产品或完成其他任务感兴趣，喜欢使用工具，特别喜欢大型的、动力强的、先进的机器；适合从事机械制造、建筑行业、石油和煤炭开采等工作。

10. 喜欢具体的工作

这类人希望很快看到自己的劳动成果，愿意从事制作看得见、摸得着的产品的工作，并从完成的产品中得到满足；适合从事的职业有室内装饰、园林工人、美容师、理发师、手工艺人、机械维修工、厨师等。

应当注意的是，从事某项工作时，虽然具备该职业所要求的能力，但缺乏兴趣，只是机械地完成任务，那么在职业发展上获得成功的可能性就很小。同时，兴趣不代表能力，对某一特定职业有兴趣并不意味着一定能干好这项工作。只有在对某一特定职业感兴趣的同时，还具有该职业所要求的能力，才能做好这项工作。

> **文化贴士**
>
> 　　韩非是战国末期韩国的贵族、荀子的学生，是我国古代思想家、法家学派的代表人物，被后人尊称为韩非子或韩子。司马迁在《史记·老子韩非列传》中说："韩非者，韩之诸公子也。喜刑名法术之学，而其归本于黄老。非为人口吃，不能道说，而善著书。与李斯俱事荀卿，斯自以为不如非。"
>
> 　　韩非有口吃，常常无法完整表达自己的思想，又不被韩王重视，于是转而著书，写下《孤愤》《五蠹》《内储说》《外储说》《说林》《说难》等著作。

三、所学专业及相关职业对职业兴趣的要求

学校的专业设置基本符合社会职业群的需要，并与之关系紧密。从某种程度上说，从被某专业录取的那一刻起，中职生未来的职业方向和就业层次就已基本确定。因此，为了能够"学为所用"，将来更好地从事个人感兴趣的工作，中职生很有必要从选定专业开始，了解相关职业对从业者职业兴趣的要求，并培养职业兴趣。

表 1-1 为财务会计专业对从业者职业兴趣的要求，供中职生在收集、整理自己所学专业对职业兴趣要求时参考。

表 1-1　财务会计专业对从业者职业兴趣的要求

分类	对从业者职业兴趣的要求
基本要求	觉得将钱存入银行生息很有意思
	常能发现别人组织活动时的不足，并提出建议促进其改进
	有信心说服别人接受自己的观点
	心算能力强，对一大堆数字感兴趣
	在学校做过学生干部，并且干得不错
	习惯事先仔细考虑某件事的利弊得失
	会在与别人理论时换一个角度思考问题，并发现别人的漏洞
	相信自己做个体劳动者也会很成功

续表

分类	对从业者职业兴趣的要求
进阶要求	能用1～2个小时抄写一份自己不感兴趣的材料
	能按领导和老师的要求尽力做好每一件事
	饶有兴趣并认真地填写表格
	喜欢已经习惯了的工作和责任小一些的工作
	觉得由于自己的工作使所从事的事业日复一日地运转很有意思
附加要求	喜欢主动给朋友打电话或写信
	能写出5个自认为够朋友的人
	愿意参加学校组织的各项活动
	遇到有困难的人时愿意提供帮助并表示同情和安慰
	喜欢去新的场所结交新的朋友
	常会由于各种原因原谅、同情甚至帮助一些自己不喜欢的人
	会积极参加一些无报酬但有意义的活动
	会为了给人留下良好的印象而十分注意自己的仪表风度

■ 学以致用 ■

确定职业兴趣

请仔细阅读下面的问题，对于每项活动，如果你的回答是肯定的话，则在"是"一栏的方框中画"√"；如果你的回答是否定的话，则在"否"一栏的方框中画"√"。最后把"是"一栏的回答次数相加，填入与"总计次数"对应的下划线上。

第一组
　　　　　　　　　　　　　　　　　　　　　　　　　　　　　是　否
1. 你喜欢自己动手修理自行车、钟表、家用电器等物品吗？　　□　□
2. 你对自己家里使用的电扇、电熨斗等器具的质量和性能了解吗？　□　□
3. 你喜欢动手做小型的模型（如滑翔机模型、汽车模型、轮船模型、建筑模型等）吗？　　　　　　　　　　　　　　　　　　□　□
4. 你喜欢与数字、图表打交道（如记账、制表、制图等）的工作吗？　□　□
5. 你喜欢制作工艺品、装饰品和衣服吗？　　　　　　　　　　　□　□
总计次数　　　　　　　　　　　　　　　　　　　　　　————
第二组
　　　　　　　　　　　　　　　　　　　　　　　　　　　　　是　否
1. 你喜欢在别人买东西的时候当顾问吗？　　　　　　　　　　□　□
2. 你热衷于参加集体活动吗？　　　　　　　　　　　　　　　□　□

3. 你喜欢接触不同类型的人吗？　☐ ☐
4. 你喜欢拜访别人、与别人讨论各种问题吗？　☐ ☐
5. 你喜欢在会议上积极发言吗？　☐ ☐

总计次数　＿＿＿＿

第三组　是 否
1. 你喜欢没有干扰、有规律地从事日常工作吗？　☐ ☐
2. 你喜欢对所有事情都预先做周密的安排吗？　☐ ☐
3. 你善于查阅字典、辞典吗？　☐ ☐
4. 你喜欢按固定的程序有条不紊地工作吗？　☐ ☐
5. 你喜欢做把事物分类和归档的工作吗？　☐ ☐

总计次数　＿＿＿＿

第四组　是 否
1. 你喜欢倾听别人的难处并帮助别人解决困难吗？　☐ ☐
2. 你愿意为残疾人服务吗？　☐ ☐
3. 在日常生活中，你愿意为人们提供帮助吗？　☐ ☐
4. 你喜欢向别人传授知识和经验吗？　☐ ☐
5. 你喜欢在病房里照顾病人的工作吗？　☐ ☐

总计次数　＿＿＿＿

第五组　是 否
1. 你喜欢主持班级集体活动吗？　☐ ☐
2. 你喜欢接近领导和老师吗？　☐ ☐
3. 你喜欢在人多时当众发表自己的观点和意见吗？　☐ ☐
4. 如果老师不在，你能主动维持班里学习和生活的正常秩序吗？　☐ ☐
5. 你具有强烈的责任感和工作魄力吗？　☐ ☐

总计次数　＿＿＿＿

第六组　是 否
1. 你特别爱读文学著作中对人内心世界的细致描写吗？　☐ ☐
2. 你喜欢听别人谈论他们的活动和想法吗？　☐ ☐
3. 你喜欢观察和研究别人的心理和行为吗？　☐ ☐
4. 你喜欢阅读领袖人物、政治家、科学家等名人的传记吗？　☐ ☐
5. 你很想了解世界各国的政治和经济制度吗？　☐ ☐

总计次数　＿＿＿＿

第七组　是 否
1. 你喜欢参加技术展览会或收听（收看）有关新技术的节目吗？　☐ ☐
2. 你喜欢阅读科技杂志吗？　☐ ☐
3. 你想了解生机勃勃的大自然的奥秘吗？　☐ ☐
4. 你想了解使用科学精密仪器和电子仪器的工作吗？　☐ ☐

5. 你喜欢复杂的绘图和设计工作吗？　□　□

总计次数

第八组　　　　　　　　　　　　　　　　　　是　否
1. 你想设计新的发型或服装吗？　□　□
2. 你喜欢画画吗？　□　□
3. 你想尝试写小说或编剧本吗？　□　□
4. 你很想加入学校的宣传队或演出社团吗？　□　□
5. 你善于用新方法、新途径来解决问题吗？　□　□

总计次数

第九组　　　　　　　　　　　　　　　　　　是　否
1. 你喜欢操作机器吗？　□　□
2. 你很羡慕机械类工程师的工作吗？　□　□
3. 你想了解机器的构造和工作性能吗？　□　□
4. 你喜欢交通驾驶类的工作吗？　□　□
5. 你喜欢研究新的机器设备吗？　□　□

总计次数

第十组　　　　　　　　　　　　　　　　　　是　否
1. 你喜欢从事非常具体的工作吗？　□　□
2. 你喜欢做很快就能看到产品的工作吗？　□　□
3. 你喜欢做让别人看到效果的工作吗？　□　□
4. 你喜欢做短时间内就可以做得很好的工作吗？　□　□
5. 你喜欢做有形的事情（如纺织、烹饪等）而不喜欢抽象活动吗？　□　□

总计次数

[统计方法]

将每组问题回答"是"的总次数填写在表1-2中。

表1-2　职业兴趣统计表

组别	回答"是"的总次数	相应的兴趣类型
第一组	（　）	愿与事物打交道
第二组	（　）	愿与人接触
第三组	（　）	愿做有规律的工作
第四组	（　）	喜欢从事社会福利和助人的工作
第五组	（　）	愿做领导和组织工作
第六组	（　）	喜欢研究人的行为
第七组	（　）	喜欢从事与科学技术相关的工作
第八组	（　）	愿从事抽象的创造性工作
第九组	（　）	喜欢从事操作机械的技术工作
第十组	（　）	喜欢具体的工作

在"回答'是'的总次数"一栏中，得分越高，相应的兴趣类型就越符合你的职业兴趣特点；得分越低，相应的兴趣类型就越不符合你的职业兴趣特点。

至此，你应该对如何给自己进行职业定位有了一个大致的了解。一个理想的职业应是最符合自己的个性、最能发挥自己的潜力、最使自己感兴趣的职业。当然，这几个方面并不总是一致的，需要你努力去寻找它们的切合点，在充分考虑这几种因素的前提下，找到最适合自己的职业。

知识拓展

人—职匹配理论

人—职匹配理论是用于职业选择、职业指导的经典性理论，最早由"职业指导之父"、波士顿大学教授弗兰克·帕森斯提出。帕森斯在其著作中明确提出职业选择的三大要素或条件。

（1）应清楚地了解自己的态度、能力、兴趣、智谋、局限和其他特征。

（2）应清楚地了解职业选择成功的条件、所需知识，以及自己在不同工作岗位上所占有的优势、劣势、机会和前途。

（3）上述两个要素的平衡。

人—职匹配理论的内涵即一个人在清楚认识、了解自己的主观条件和社会职业岗位需求条件的基础上，将主、客观条件与社会职业岗位（对自己而言有一定可能性的）需要进行对照、匹配，最后选择一个与自己匹配的职业。

人—职匹配分为以下两种类型。

因素匹配：需某种特殊技能和专业知识的职业与掌握该种特殊技能和专业知识的择业者相匹配，如劳动条件很差的职业，需要吃苦耐劳、体格健壮的劳动者与之匹配。

特性匹配：如具有敏感、易动感情、不守常规、个性强、理想主义等人格特性的人，适于从事注重审美、自我情感表达的艺术创作类型的职业。

第三课　尺有所短，寸有所长
——职业能力分析

走得最慢的人，只要他不丧失目标，也比漫无目的地徘徊的人走得快。——莱辛

生命有如铁砧，愈被敲打，愈能发出火花。——伽利略

看图悟道

> 师父，俺决定保你西天取经。

想一想，孙悟空为什么会做出这样的选择？

_____

_____

职业能力是在职业活动中发展起来的，直接影响职业活动效率，使职业活动得以顺利完成的综合特征。无论从事什么职业，从业者都要有一定的职业能力做保证。

一、职业能力

大量的研究和实践证明，无论从事何种职业，从业者仅仅具备一种能力是不够的，需要掌握多种能力。例如，教师要完成教学活动，除了要具有扎实的专业知识外，还要具备对教学材料的组织能力、记忆能力、口头表达能力等；公司经理除了具备业务能力外，还要具备管理能力、组织能力、预测能力和社会交往能力等。

微课

职业能力和
就业必备能力

职业能力和职业活动是密切联系在一起的。一方面，职业能力总是在职业活动中形成和发展，并在职业活动中表现出来；另一方面，从事某种职业活动又必须以一定的职业能力为前提。例如，从事音乐活动，需要有节奏感；从事教学活动，需要有相关的专业知识。如果缺乏这些能力，就会影响职业活动的正常进行。

二、就业必备能力

1. 运用创新的能力

运用创新的能力包括两种：信息处理能力和创新能力。

信息处理能力的关键是掌握和运用计算机及互联网技术，并具有对信息进行收集、整理、分析、判断、综合、概括的能力。信息处理能力是个人和社会组织求得生存和发展的重要途径，也是创新的源泉和基础。

创新能力主要表现在：具有创新的勇气和信念；具有挖掘自身潜能、充分运用已有知识和技术的方法、技巧；能实事求是，与时俱进，更新观念，改进方法，提高工作效率；善于集思广益，分析和把握相关发展趋势，擅长策划，具有战略眼光；有准确的判断能力，思维敏捷，能站在一定的高度，提出建设性的意见或建议。

2. 与人交流、合作的能力

所谓与人交流、合作的能力，一是指有集体主义精神，有大局观；二是指懂得与他人合作，更好地完成工作任务。后者是前者的具体表现。

> 某公司要开发一个新项目，项目经理准备招聘一批新员工。前来应聘的人很多，经过几轮选拔，最后剩下九个人，小王是其中的一个。这次招聘的名额只有三个。面对这九名优秀的应聘者，项目经理出了一个特殊的考题。他将应聘者分为甲、乙、丙三组，给每个人发一份材料，要求他们在规定的时间内做出一份市场调查报告。几天后，招聘结果出来了，项目经理宣布丙组胜出。在乙组的小王不服气，他觉得自己根据材料认真地做了市场调查。项目经理什么也没说，只是将丙组三个人的报告递给小王。小王看后，完全服气了。原来，项目经理给每个人的材料都只是市场调查的一部分，每组只有将拿到的三份材料结合起来，才能做出完整的市场调查。甲、乙两组的人只顾自己，做出来的调查并不完整。而丙组的三个人接到任务后，便开始了合作、交流，经过整合材料，共同努力做出了一份完整的市场调查报告。

在一个团队中，能力强的人固然重要，但更重要的是团队成员之间的交流、合作。有句话说得好："你有一个苹果，我有一个苹果，交换之后每人还是只有一个苹果；但你有一种想法，我有一种想法，交流之后就有了两种想法。"在上述例子中，丙组的三个人与人交流、合作的能力被用人单位看中，顺利入职。

中等职业教育的社会定位和社会功能决定了中等职业学校更需要培养具备与人交流、合作能力的人才。与人交流、合作能力的内涵包括：认识自己，合理定位，敢于竞争；认识他人，善于交往；对内注重团结，乐于倾听不同意见，重视情感沟通，坚持原则，对外能够协调沟通好各方面关系，拓展职业生存发展空间；有良好的人际交往技巧和方法。

3. 为职业发展而持续学习的能力

学会学习是现代人生存与发展的手段。传统教育基本停留在单纯地传播知识的层面，学生学习就是获取、收集与储存知识。传统教育培养出不少"知识仓库型"人才，这种人才能够应付各种考试，却难以应付知识经济时代瞬息万变的知识和局面。

知识更新周期不断缩短，人们仅靠学校教育不足以满足生存的长期需要。人们只有不断地学习、增长知识和才干，才能跟上科学技术飞速发展和知识更新不断加快的进程，劳动者终身学习化成为必然的趋势。传统教育不能完全解决劳动者终身学习的问题，劳动者还要在工作中加强自主学习。因此，中职生在毕业前，应该努力培养自己持续学习的能力，如阅读能力、理解能力、判断能力、分析综合能力等，从而为今后职业活动中的学习奠定基础。

就业指导与创新创业教育
（微课版）

4. 语言运用的能力

语言是一种符号，是人类工作、学习、生活的工具。这里的语言包括三种，即作为中国通用语言的汉语、作为科学逻辑思维语言的数学，以及被大部分人用于国际交流的英语。语言运用的能力一般是指这三种语言的运用能力，其中汉语的应用能力是首要的。中职生要能够编制各类分析报告（如财务分析报告、市场竞争分析报告、实验报告等），能够清楚地陈述自己的想法和观点。

5. 就业与创业的能力

学生学习的直接目的是获得社会劳动的资格和职位。目前，在我国，就业竞争十分激烈，所以，从现在起，中职生就要做到：了解就业形势，正确认识自我，合理定位，及时把握就业机会；有一定的应聘技巧和良好心态，能恰当地进行自我推荐，有礼有节；有自主择业、自主创业的雄心和胆略，明确创业的思想和目标，并对此有一定的设想和计划，为今后就业和创业打好基础。

 **学以致用** ■

职业能力分析

小张是某校市场营销专业的学生，他的理想是成为一名优秀的营销人员。毕业后，小张经学校推荐去一家公司工作。刚进入公司，领导希望他能在基层认真锻炼。小张对此很不开心，经常跟同事抱怨，郁郁寡欢，消极怠工。小张的行为很快就被反映到领导那里。领导找到小张，询问了一些关于工作、生活的事，小张便把自己的不满一股脑地发泄了出来。领导想了想说："那这样，我们准备增设发行三部，你去负责吧！"小张瞪大了眼睛："不行不行，我还没有这么大的能力。"领导说："我们公司有一批积压的产品，你把它们处理一下。"小张说："都积压那么久了，肯定没人要。"领导笑了笑说："没关系，那你就把昨天的会议记录整理一下。"小张说："我不太喜欢做整理文字的工作。"领导说："那你觉得自己能干什么？"小张羞红了脸。

步骤一：全班分成若干个小组，讨论小张的职业能力如何。
步骤二：每个小组写出提升小张职业能力的对策。
步骤三：结合材料，试着分析自己的职业能力，看看自己在哪些方面还有不足。
步骤四：分小组汇报，教师点评。

知识拓展

鲁班发明锯的故事

相传有一年，鲁班接受了一项建造一座巨大宫殿的任务。这座宫殿需要很多木料，鲁班就让徒弟们上山砍伐树木。徒弟们精疲力竭，但砍下的树木仍不能满足工程的需要。眼看完工期限越来越近，这可急坏了鲁班，他决定亲自上山。上山的时候，他不小心被一株野草划破了手。鲁班觉得很奇怪，这株野草为什么这样锋利？于是他摘下一片叶子仔细观察，原来叶子两边长着许多锋利的小细齿，他的手就是被这些小细齿划破的。这件事给鲁班留下了极其深刻的印象，也使他受到了很大的启发。他想，如果把伐木的工具做成齿状，是不是同样会很锋利？于是他用大毛竹做出一条带有许多细齿的竹片，然后到小树上做试验，只见竹片轻轻松松就把树皮划破了，再用力拉几下，就在树干上划出一道深沟。鲁班非常高兴。但是竹片比较软，强度比较差，不能长久使用，要寻找一种硬度、强度都比较高的材料来代替它。鲁班想到了铁片。铁片做好后，他们立即上山实践。鲁班和徒弟各拉铁片的一端，在一棵树上锯了起来，只见他俩你来我往，不一会儿就把树锯断了，又快又省力。锯就这样发明出来了。

在鲁班之前，肯定有不少人也碰到过手被野草划破的情况，为什么只有鲁班从中受到启发并发明了锯呢？这值得我们思考。大多数人只会认为这是一件生活小事，不值得大惊小怪。而鲁班却有强烈的好奇心，非常注意观察、思考和钻研生活中一些微小的事件，善于从中找到解决问题的方法和思路，从而获得某些创造性发明。这告诉我们一个道理：留意生活中不起眼的小事，勤于思考，会有很多收获。

素养提升

1910 年，华罗庚出生在江苏省的一个小县城——金坛。他小时候家中清贫，靠父亲开的小杂货店，过着半饥不饱的生活。华罗庚上初二时，在李月波老师的指导和培养下对数字产生了浓厚的兴趣并打下了良好的基础。他的老师王维克很器重这个聪明机灵的少年，常常单独辅导他，给他出一些难题做，少年华罗庚受益匪浅。

因家里无力再供他上学，华罗庚只能从职业学校辍学到父亲的小杂货店里料理店务。这位酷爱数学的年轻人，虽然人守在柜台前，但心里琢磨的还是数学。王维克老师借给他几本数学教材：一本大代数、一本解析几何、一本微积分。华罗庚便跟着这几位不会说话的"老师"步入了高等数学的大门。1929 年，华罗庚在王维克老师的帮助下，到金坛中学当了一名会计并兼管学校的事务工作。他曾回忆当时艰难的生活：除了学校里繁重的事务外，早晚还要料理小店的事务，每天晚上大约 8 点才能回家。清理好小店的账目后，才能钻研数学，常常到深夜。不久，当地发生了流行性瘟疫，华罗庚不幸染病，虽然病慢慢好了，但左腿落下了残疾。

华罗庚在贫病中刻苦自学，不但读了许多书，而且勤于独立思考，敢于向权威挑战。他发现一位大学教授的论文写错了，便把自己的看法写成一篇文章，题目叫《苏家驹之代数的五次方程式解法不能成立之理由》，于 1930 年发表在上海的《科学》杂志上。随后，华罗庚又连续发表了几篇数学论文，署名"金坛人"。

这个在数学论坛上崭露头角的"金坛人"引起了当时清华大学数学系主任熊庆来教授的注意。当他打听到这个数学奇才原来是个只读过初中的小青年时，大为震惊，便写信邀华罗庚来清华大学数学系当管理员。到清华大学后，华罗庚的进步更快了。

他自学了英语、德语，也如饥似渴地致力于对高等数学的学习。后来，他被熊庆来教授推荐到英国剑桥大学深造。1938年，他被聘为西南联大教授。

华罗庚成功了！走过坎坷的自学之路后，他成了世界著名的数学大师。国外数学界这样评价他：华罗庚教授的研究著作范围之广，使他堪称世界上名列前茅的数学家之一。

20世纪40年代后期，华罗庚应伊利诺伊大学之聘，到那里当教授。华罗庚在伊利诺伊大学有着优渥的生活、科研环境。他的住所有4间卧室、2间浴室，还有一间可容纳五六十人开酒会的客厅。大学还给他配备了4个助手、1个打字员。

但是，当中华人民共和国成立的消息传来时，华罗庚毅然踏上了返回祖国的旅程。他说："为了抉择真理，我应当回去！为了国家民族，我应当回去！为了为人民服务，我应当回去！"1950年的一天，这位已担任中国科学院数学研究所所长的著名教授在填写户口簿时，在"文化程度"一栏里写了"初中毕业"4个字。这虽然使许多人惊讶不已，却是事实：他的的确确只有一张初中毕业证书。这位数学大师的数学知识，几乎都是通过自学获得的！

1984年，华罗庚以全票当选美国科学院外籍院士。美国科学院院长在向华罗庚致赞词时说："他是一个自学出身的人，但他教育了千百万人。"

讨论：

1. 结合华罗庚的例子，谈谈你对"兴趣是最好的老师"这句话的理解。

2. 从数学大师华罗庚的身上，我们可以学到什么？

第二篇

愿识庐山真面目
——职业认识

开篇思考

你希望从事的是哪种职业？
你还知道哪些职业？

育人目标

1. 明确职业的内涵，学会客观、全面地评价工作，选择一条适合自己的职业道路，实现自己的人生价值。
2. 提高对可测职业目标的具体认识，认识自我与职业，通过勤奋劳动实现自我发展。

第一课　横看成岭侧成峰
——职业及其发展趋势

至理名言

恢弘志士之气，不宜妄自菲薄。——诸葛亮
自觉心是进步之母，自贱心是堕落之源，故自觉心不可无，自贱心不可有。——邹韬奋

看图悟道

说说你对图上几种职业的认识和理解。你觉得唐僧师徒四人适合这些职业吗？

_____

_____

"职业"一词是由"职"和"业"两个字组成的。"职"含有从业者在工作中所承担的职务、责任等意思，"业"含有行业、业务、事业等意思。

一、职业的内涵及特性

职业是人们从事的比较稳定、有合法收入的工作。只有具备收入合法、比较稳定这两个必要条件的工作，才能称为职业。收入合法是指这种收入应该符合国家法律法规和有关政策的规定。

微课

职业的内涵及特性

具有劳动能力的人都会在其一生中从事一种或几种职业，都会有自己的职业生涯，并通过职业活动实现自己的理想和价值。了解职业、认识职业，对于中职生来说尤为重要，因为它不仅能影响他们的择业观，还能激励他们努力学习专业知识。

职业一般具有专业性、多样性、技术性等特点。

1. 专业性

专业性是指不同的职业在劳动内容、劳动方式、劳动手段等方面所具有的特点。例如，工人主要根据设计图纸、工艺流程使用机械设备加工产品；医生一般以病情诊断、对症下药、手术为主要工作内容；美发师则以美发、理发为主要工作内容。

2. 多样性

多样性是指职业存在于社会的政治、经济、文化、教育、军事、外交等一切领域，在每个领域中又有不同的种类。例如，在教师这个职业中，就有很多不同的分工，就学生学习的科目来说，每一个科目都有相应的教师。

3. 技术性

技术性是指不同职业都有自己的知识经验、技能技巧，如工程技术人员测量绘图，教师教书育人，医生救死扶伤，律师出庭辩护等。在现代社会，要从事某些职业，就必须经过较长时间的知识、技能的培训，如文艺工作者、体育工作者、科技工作者、技术工人、教师等。有的职业的知识、技能、技巧则可以在职业实践中获得。

战国时期，赵国有位名人叫公孙龙。他拥有许多有特长的门客。公孙龙常说："一个聪明人应该善于接纳每一个有特长的人。"

一天，有个穿着很破烂的人来见他，并向他推荐自己。那人说道："我有一项特别的本领。"公孙龙问道："什么本领呢？"那个人答道："我的声音特别大，善于叫喊。"公孙龙听了，就转身问旁边的门客："你们有谁善于叫喊？"结果没有一个人回答"是"。于是，他收下了这个善于叫喊的人。

没过多久，公孙龙和他的门客一起出外游玩。他们来到一条很宽的河边，发现渡船在河的另一边，所有人都不知怎么办好。

突然，公孙龙想起那个善于叫喊的人，就转过头对那人说："你大声叫对面的船夫，看能不能把他叫过来。"那人觉得展示自己技能的时候到了，就大声向对面喊："喂，船夫，过来，我们要过河。"他的叫声刚落，众人便见对面的船夫摇着船过来了。

因为这件事，公孙龙对这个新收的门客非常满意。

 俗话说："人有一技之长，不愁家里无粮。"人各有所长，如果能发现自己在某一方面的专长，勤于提高自己的技术水平，做到"能人所不能"，就不愁在职场上没有一席之地。

二、职业的分类

职业的分类是以工作性质的同一性为基本原则，对社会职业进行的系统划分与归类。工作性质，即一种职业区别于另一种职业的根本属性，一般通过职业活动的对象、从业方式等予以体现。需要说明的是，对工作性质的同一性所做的技术性解释，要视具体的职业类别而定。

《中华人民共和国职业分类大典（2022 年版）》所确定的职业分类结构包括大类、中类、小类和细类四个层次，依次体现由粗到细的职业类别。细类是最基本的类别，即职业。

我国职业划分为 8 个大类、79 个中类、450 个小类、1639 个细类（职业）。每个大类的名称和所含中类、小类、细类（职业）的数量如下。

第一大类（中类 6 个，小类 16 个，职业 25 个）：党的机关、国家机关、群众团体和社会组织、企事业单位负责人。

第二大类（中类 11 个，小类 125 个，职业 492 个）：专业技术人员。

第三大类（中类 4 个，小类 12 个，职业 36 个）：办事人员和有关人员。

第四大类（中类 15 个，小类 96 个，职业 356 个）：社会生产服务和生活服务人员。

第五大类（中类 6 个，小类 24 个，职业 54 个）：农、林、牧、渔业生产及辅助人员。

第六大类（中类 32 个，小类 172 个，职业 671 个）：生产制造及有关人员。

第七大类（中类 4 个，小类 4 个，职业 4 个）：军队人员。

第八大类（中类 1 个，小类 1 个，职业 1 个）：不便分类的其他从业人员。

三、职业的种类

职业的种类与一个国家一定时期的政治制度、经济制度等密切相关。例如，在我国实行改革开放之前，个体经济、私营经济等是不允许存在的，而现在非公有制经济已成为社会主义市场经济的重要组成部分。此外，不同的国家还存在一些独具民族特色的职业，如我国的针灸师、中医师、武术师等。

职业的种类还与一个国家的科技发展、经济繁荣、社会进步密不可分，因此，不同的国家对职业有不同的划分。

1. 按劳动的性质与层次划分

这种划分方法把工作人员分为白领工作人员和蓝领工作人员两大类。

（1）白领工作人员是指主要从事脑力劳动的职员，与其对应的职业主要有管理人员、销售人员、办公室文员、技术人员、政府公务人员等。

（2）蓝领工作人员是指主要从事体力劳动的职员，与其对应的职业主要有手工艺人、工厂工人、服务员等。

2. 按心理的个体差异划分

这种划分方法以著名职业指导专家霍兰德创立的职业兴趣理论为依据，把人格类型分为六种，即现实型（R）、研究型（I）、艺术型（A）、社会型（S）、企业型（E）和传统型（C）。

（1）现实型人才偏好具体、实际的工作，如机械、工具等的具体管理和操作工作，而不太喜欢抽象性思考的工作。其对应的职业有维修工、厨师、机器操作人员等。

（2）研究型人才具有独立的逻辑分析能力和抽象推理能力。其对应的职业有科研人员、程序员、工程师等。

（3）艺术型人才具有丰富的想象力和表现力，偏好用艺术的方式表达自己，喜欢创造性地解决问题。其对应的职业有雕塑家、画家、设计师、音乐家、作家等。

（4）社会型人才善于与人打交道，乐于合作，喜欢社交活动，关心社会问题。其对应的职业有教师、社工、心理咨询师、护士等。

（5）企业型人才性格外向，乐于交际，具有良好的语言表达能力，在工作和人际关系中喜欢掌握主动权并影响他人。其对应的职业有企业管理者、销售人员等。

（6）传统型人才具有良好的自我控制能力和自我约束能力，遵从传统规范和道德，思想略为保守。其对应的职业有文员、会计、出纳、秘书、档案管理员等。

四、三百六十行，行行出状元

三百六十行，行行出状元。一个人掌握一技之长，不仅意味着他在职场上可以有立身之本，还意味着他有更多的可能性实现梦想。适合自己的才是最好的，每个人都有适合自己的成才之路。近年来，中职生以其出色的技能、吃苦耐劳的精神赢得了众多用人单位的赞誉和青睐。

我们要全面认识职业教育的重要性。只要树立正确的世界观、人生观、价值观，珍惜大好时光，努力学习理论知识，掌握专业技能，就一定能够在经济建设的广阔舞台上施展才华。

2022年9月，《珠海市"行行出状元"工程实施方案》印发，决定在"珠海市职业技能大赛"的基础上，每年由市教育局、市人力资源和社会保障局、市总工会联合主办"珠海市行行出状元技能大赛"。首届大赛结合"粤菜师傅""广东技工""南粤家政"三项工程，最终设置了中式烹调师、中式面点师、汽车维修工、半导体行业集成电路测试工、焊工、数控车工、移动机器人、养老护理员、家政服务员、育婴员共10个竞赛项目。

干一行，爱一行，精一行，每个行当里都有优秀的员工。每一个优秀的员工都不是天生的。只要不断地练习，就能成为行业里的"状元"。

五、国家职业资格证书

国家职业资格证书制度是劳动就业制度的一项重要内容，也是国家考试制度的一种特殊形式。它按照国家制定的职业技能标准或任职资格条件，通过政府认定的考核鉴定机构，向劳动者授予相应的职业资格证书。与学历证书不同，国家职业资格证书能更直接、准确地反映职业的实际工作标准和操作规范的要求，反映劳动者从事相应职业所达到的实际能力水平。

我国国家职业资格证书采取等级式结构，通常分为五个等级，即国家职业资格五级（初级技能）、国家职业资格四级（中级技能）、国家职业资格三级（高级技能）、国家职业资格二级（技师）和国家职业资格一级（高级技师）。我国政府还规定了国家职业资格和社会上通行的其他专业资格之间的对照关系，以确保国家职业资格获得者取得相应的社会地位和经济地位。国家职业资格包括从业资格和执业资格。其中，从业资格是政府规定专业技术人员从事某种专业技术性工作的学识、技术和能力的起点标准；执业资格是政府对某些责任较大、社会通用性强、关系公共利益的专业技术性工作实行的准入控制，是专业技术人员依法独立开业或独立从事某种专业技术工作的学识、技术和能力的必备标准。国家对执业资格实行注册制度。

六、未来职业特点

随着经济和社会的不断发展及科学技术的突飞猛进，社会职业的数量、种类、结构、要求都在发生变化。

1. 职业的教育含量增大

未来，各种职业会需要更多受过良好教育、掌握最新技术的技术工人，单纯的体力劳动或机械操作的职业将明显减少。

在发达国家，制造业中蓝领员工的失业率高于从事管理工作的白领员工；而白领员工中从事服务性工作，如银行、广告等行业的员工的失业率又明显高于从事开发和研究工作的员工。未来，白领员工、蓝领员工的区分标准将越来越模糊，职业将逐渐向专业化方向发展。

2. 职业要求不断更新

一些职业，因工作设备和条件的变化，对职业内容有了新的要求。例如，对于行政工作人员，以前只要求其具备较好的组织协调能力、分析问题和解决问题的能力、写作能力、口头表达能力等，现在还要求其具备社会交往能力及计算机辅助管理能力、办公自动化设备操作能力等。

3. 永久性职业减少

只有少数人能拥有"永久性"的工作，而从事计时、计件或临时性职业的人会越来越多。

 **学以致用**

职业资格证书知多少

准备活动：全班选出一名统计员后，分成若干个小组，搜集中等职业学校各专业及其职业资格证书的名称；每组选派一个代表进行抢答。

步骤一：主持人念出职业名称，同学们抢答相应的职业资格证书名称。

步骤二：教师给出得分。

步骤三：统计员算出各组的平均分。

步骤四：选出优胜组，表扬团队意识最强的一组。

知识拓展

设计职业生涯，规划成功人生

一、职业生涯规划的步骤

步骤一：了解自己。一个有效的职业生涯规划，必须在充分且正确地认识自身条件与相关环境的基础上进行。你需要审视自己、认识自己、了解自己，并做自我评估，详细估量内外环境的优势与限制，设计出适合自己的合理可行的职业生涯发展方向。

步骤二：明确目标。职业生涯目标的制定包括人生目标、长期目标、中期目标和短期目标的制定。短期目标必须清楚、明确、可行。中期目标应既有激励价值，又现实可行。人生目标、长期目标要尽可能地远大，但不要求具体、详细；要在符合自己价值观的基础上，与社会发展的需求相适应；要放眼未来，推测可能的职业进步。

步骤三：制定方案。确定好自己的人生目标后，就必须考虑向哪一方向发展。选择职业发展方向时，需要考虑以下三个问题：你想往哪个方面发展？你能往哪个方面发展？你可以往哪个方面发展？发展方向不同，需要提高的能力也就不同。职业生涯方向的选择，也是影响职业发展的重要因素之一。

在选择职业阶段，一般要先选择行业，再选择行业中的某一职位。在选择行业时，要先拟定几类合适的行业进行考察，收集行业发展的资料。在对某类行业进行考察时，要拟出其中某职位需要的知识门类和能力特点。如果选定了该行业，就要结合自己的情况认真学习相应的知识、培养相应的能力。

了解自己对职业前途的需求状况后，选择最适宜的单位是关键。什么是最适宜的单位呢？薪酬待遇固然重要，但更要注重自己在该单位的发展机会，要注意这个单位文化的优越性与管理系统的规范性。

接下来是找准适合自己的部门。客观地说，这是一件非常复杂的事情，必须与个人的学业专长、爱好、学习体验结合起来考虑。你应该选择最适合自己发展的职能部门。那些工作量大、业务复杂，但有比较多的发展机会的职能部门，应成为我们的首选。

二、实现职业生涯规划的途径

第一，摆正心态。如果你的心态比较平和，能从点滴做起、从小事情做起，你就能逐渐得到领导的赏识，也就比较容易获得晋升机会。心态非常重要，你在工作中应该不断摆正自己的心态，使自己的发展和提升成为自然而然的事情。

第二，少说多做。领导做晋升决策时更多地是看员工的工作业绩，看其做了哪些事情、做好了哪些事情。所以，要想尽快获得晋升，你必须从现在开始行动，用实际的行动和优异的业绩赢得领导的赏识。

第三，有所专长。现在的职场竞争非常激烈，一无所长的人即使再努力、再肯干，也很难获得晋升和赏识，因为你能做到的别人也同样可以做到。职场喜欢有所专长、与众不同的人，这样的人更易成为职场领袖。

第四，善于处理人际关系。良好的人际关系是人生的一笔财富。人际关系处理不好，你会寸步难行；人际关系处理好了，你就拥有了正向影响部门员工的能力和技巧，自然能让领导放心地把晋升的机会给你。

第五，帮助领导提高绩效。实践表明，获得领导赏识和信任的最重要一点是协助领导完成工作。领导的工作都是通过员工来完成的，员工完成的好坏决定了他的业绩的好坏。因此，你一定要尽可能地协助领导完成工作，与领导一起进步。

三、职业生涯规划的调整

当然，在职业生涯发展的过程中也会出现这样或那样的问题，职业生涯规划本身就是在发展中不断调整的。当你的工作出现以下问题时，你应该考虑另觅一份自己真正喜欢的工作。

第一，怀疑自己不合格。如果你在工作中感到痛苦，可能是因为你的工作表现不佳而你又不愿正视这个问题。此时你应该扪心自问：自己到底干得如何？你可以请领导对你的表现做评定，也可以请一位优秀且信誉较好的同事给你做非正式的评估。

第二，与领导不合拍。一种较好的测试方法是：你在领导身边时感觉如何？是自在放松还是紧张不安？

第三，与同事不合拍。你可以问问自己：当你与单位的同事交往时，是否觉得格格不入？你是否对他们感兴趣的话题感到乏味和无聊？如果答案是肯定的，那你可能已处于一个无法展现自己的环境。

第四，工作过于轻松。如果你能轻松完成工作，就表明你的能力可能已远远超越你的职位。你可以问自己几个问题：你仍然能够从工作中学到新的知识吗？你想进一步发展自己正在使用的技能吗？

第五，对这一行不感兴趣。你可以问问自己：如果可以重新选择，你还会选择同一职业吗？如果不是，你就应该考虑去见职业咨询顾问或参加求职测试。

第二课　远近高低各不同
——职业的评价与选择

至理名言

一知半解的人，多不谦虚；见多识广有本领的人，一定谦虚。——谢觉哉

懒惰像生锈一样，比操劳更能消耗身体。——富兰克林

看图悟道

试想一下，如果由猪八戒负责战斗，他会是一个称职的战士吗？为什么？

_____

_____

　　职业教育的实质就是就业教育。面对就业浪潮，中职生要理性地分析社会需求和自身条件，找到最适合自己的职业定位，实现自己的职业理想和人生价值。

一、职业评价

1. 选择适合自己的位置

每个人都在寻找自己的最佳位置，确定合适的人生角色。在职业选择的诸多因素中，人们往往对某一职业的环境条件、社会声望和收入水平考虑得比较多，而对自己的性格、能力和兴趣考虑得少一些，以至于工作了很长时间却依然毫无建树，自己也很痛苦。这说明职业选择的关键是适合自己。

一个乞丐在地铁口卖铅笔。这时走过来一位富商，他向乞丐的瓷碗里投了几枚硬币后便匆匆离去。过了一会儿，富商回来，对乞丐说："对不起，我忘了拿铅笔，我们都是商人。"几年后，这位富商参加一次高级酒会时，一位衣冠楚楚的先生向他敬酒致谢并告诉他，自己就是当初那个卖铅笔的乞丐。其生活的改变，得益于富商的那句话——"我们都是商人。"

如果乞丐一直没能遇到这位富商，一直未能醒悟，一直甘心做一名乞丐，他的人生就少了一份成功。可见，正确的定位对一个人的发展有至关重要的影响。

一棵树找到了适合自己生长的土壤，就会尽情地向上伸展，枝繁叶茂；一只鸟寻到了适合自己生活的气候，就会努力地长出羽翼，拥抱蓝天。我们每个人都可以找到最适合自己的位置，实现人生目标。

随着科学技术的进步和劳动力市场的发展，用人单位和劳动者之间越来越强调双向选择。由于职业选择的环境和条件的限制，有些人对正确选择职业还缺乏足够的认识，以至于阻碍了其顺利就业。例如，有些人认为选择职业就是按个人意愿办事，并不能妥善处理职业需要与个人意愿之间的矛盾；有些人不顾自身素质，提出过高的择业要求，导致个人职业选择失败。因此，中职生必须正确认识和处理择业问题。

文化贴士

在大学教书，是很多人梦寐以求的工作。可是身为大学教师的李开复总是觉得生活中似乎缺少了什么。在无数个夜晚，他辗转反侧，苦苦思索。他发现，虽然自己不讨厌这份在大学教书的工作，但是自己更希望进入一家计算机公司做自己最喜欢的计算机编程工作。他喜欢那种依靠自己的努力，创造出改变世界的计算机产品的乐趣。他觉得，那才是他人生最大的兴趣，也是自己愿意用一生去追求的事业。

恰当的人生定位能带来人生的辉煌。经历很多事情后，李开复终于找到了一条最适合自己的道路，并且在这条道路上越走越远，从而取得了巨大的成就。

2. 影响职业声望高低的基本要素

职业并无高低贵贱之分，都是社会不可缺少的组成部分。但由于不同职业在工作内容、劳动强度、收入状况、权利和义务等方面存在差异，人们对不同职业的地位持有不同的看法和态度。评价职业主要与影响职业声望高低的基本要素有关。

影响职业声望高低的基本要素主要包括职业的社会功能、职业的社会报酬、职业的自然条件和职业要求四项。

（1）职业的社会功能是指一定职业对社会的作用，即其社会责任、权利、义务和重要性。职业的社会功能越大，其声望就越高。

（2）职业的社会报酬是指职业提供给劳动者的工资、福利待遇、晋升机会和发展前景。一般而言，社会报酬高的职业，易受社会和劳动者青睐，其声望也较高。

（3）职业的自然条件是指与职业活动相关的工作环境，如技术装备、劳动强度、安全系数等。职业的自然条件好，劳动者容易出成绩，其声望就高。

（4）职业要求是指一定职业对劳动者各项素质的综合要求。职业对劳动者的要求越高，能达到要求的劳动者就越少，他们被人替代的可能性就越小，工作就越稳定，从而使职业的声望变高。

职业声望是以上四项基本要素综合作用的结果，任何单项或某几项都不能全面地反映职业声望的现实状况。

当然，应当清楚地认识到，职业声望是人们的职业社会地位的主观反映，是主观与客观的结合，因此不可避免地会受到个人偏见及社会环境等因素的影响。职业声望会受到个人喜好、个人教育程度、社会环境、社会舆论、地区和经济状况等各种因素的影响，因此，中职生在择业时，应进行清醒、客观的分析，避免产生从众、攀比、盲目追高等不良择业心理，要结合自身特点，科学地认识和评价职业。

> 干一行、专一行。北京邮政海淀区分公司清华营业部揽投员康智是一名"90后"，10年来，他起早贪黑、风雨无阻地穿行在大街小巷，累计投送邮件28万件。康智用心琢磨收派邮件的各个环节，学习路线规划，熟悉行业行规，努力将邮件迅速、准确、安全地送到客户手中。一分耕耘一分收获，康智获得了北京市劳动模范、全国青年岗位能手、全国邮政技术能手等荣誉称号。

> 劳动创造幸福，实干成就伟业。任何时候任何人都不能看不起普通劳动者，都不能贪图不劳而获的生活。无论身处哪个岗位，我们都要立足岗位，成长成才，在劳动中体现价值、展现风采、感受快乐。

微课

职业的选择

二、职业选择

1. 职业选择的准备

职业选择的准备，不仅体现在毕业阶段，还贯穿学生生活的始终。机会总是留给那些做好了准备的人，因此，我们必须在目标、知识、能力、心理等方面为将来择业做好准备。

（1）目标准备。中职生应树立高尚的职业理想和正确的择业观，全面、客观、准确地认识自我和评价自我，了解国家的有关就业政策，适时调整就业期望值。在求职路上，有一些人一心一意地期待机会的降临，还有一些人面对好几个机会却不知如何选择，这都是目标准备不充分的表现。其实，没有最好的工作目标，只有最适合自己的工作目标。

> 小刘是合肥市一名普通的中职生。在幼教专业毕业生供需洽谈会上，他收到了8家幼儿园的聘用邀请，这让许多人很吃惊。在很多大学生在为就业发愁时，中职生却受到如此垂青，让在场的众多记者感到纳闷。
>
> 刚进入中职学校学习时，小刘拒绝了父亲让他学习与机械相关的专业的建议，因为他觉

得与机械相关的专业并不适合自己。他认为幼儿教师多由女性担任，从事幼儿教育的男教师不多见，这反而是一个机遇。父亲不同意，但拗不过倔强的小刘，只能让他学习幼儿教育专业。

事实证明，小刘的选择是对的。一位园长坦言，像小刘这样的幼儿园男教师，在幼儿教育行业中是比较少见的。幼儿教师的需求量很大，培养一名好的幼儿教师也需要下很多功夫，而一些幼儿教师经常跳槽。中职生对自己的定位比较切合实际，能稳定在幼儿教育行业的可能性也较大。

职业选择是指人在自身价值观的指导下，依据自己的职业期望和兴趣，凭借自身能力挑选职业的过程。在这个过程中，主体既会受到需求动机、自身评价的引导，也会受到社会需求、就业形势的影响，即主体需要从主观、客观多方面进行综合考虑。小刘根据自己的兴趣和对职业的正确分析，做出了正确的职业选择。

（2）知识准备。中职生应了解所选职业对自己知识结构的要求，围绕所选择的就业目标，合理组合、恰当调配，在自己的头脑中形成层次分明、相互协调的知识系统；利用好在校学习的宝贵时间，努力学习专业知识和文化知识，为将来求职择业打下坚实的基础。

（3）能力准备。中职生应具备一定的适应能力、开拓创新能力、实际动手能力及交流沟通能力。在应聘过程中，实力永远是最重要的，扎实的专业知识和丰富的实践技能都是用人单位非常看重的。

某大型现场招聘会上，合肥某旅游学校的毕业生聂某表现出色，打败了大量竞争者，被某外资公司录用。由于她英语流利，表现出众，给公司的招聘人员留下了深刻印象，因此公司破格将她的底薪提高了2000元。

聂某能在众多的应聘者中脱颖而出，是因为她练就了一口流利的英语，并且拥有扎实的英语专业知识和良好的交流沟通能力。

市场经济充满了机遇和希望，也充满了风险和竞争。中职生掌握的知识、技能和就业市场的需求紧密挂钩，又具备真正的实力，就有可能获得高薪岗位。

（4）心理准备。培养良好的心理素质，转换角色，适应社会需要，在求职过程中保持平和、乐观的心态，有助于中职生正常发挥甚至超常发挥。败而不馁、锲而不舍的精神是成功的一大推动力。

（5）信息准备。中职生应广泛搜集信息，有选择地进行信息处理。对于向往的用人单位，中职生应尽可能多地搜集与该用人单位相关的信息，包括其创建时间、规模、部门设置、领导情况、业务范围、发展方向及联系方式等。

（6）材料准备。这里的材料包括毕业生推荐表、求职表（信）、简历、成绩单及各种证书。"工欲善其事，必先利其器。"充分的材料准备是中职生求职成功的有力武器。

（7）应聘面试或考试准备。其包括仪容、语言表达、个人修养等方面的准备。应聘面试或考试时还要带上身份证、笔记本、笔等必备用品。

2. 职业选择的基本原则

尽管在职业选择中，不同的人从不同的职业价值观出发，采用不同的策略，会达到不同的效果，但也存在一些共性原则，可帮助中职生顺利地实现目标。

（1）可行性原则。在职业选择中，中职生应考虑社会的现实需要，考虑特定的历史条件和时代要求，而不能一味地追求"自我设计"，否则可能会产生"生不逢时"的挫折感和失意感。

（2）胜任原则。在职业选择中，中职生应考虑工作的实际需要，考虑自己的知识水平、身体素质、个性特点、能力倾向等是否符合职业要求，不能盲目攀比、就高不就低。对于力所能及的工作，人们干起来得心应手、驾轻就熟、心情舒畅，而且能充分发挥自己的积极性和创造性；对于不能胜任的工作，人们干起来则力不从心、困难重重、劳累压抑，不仅效率低，而且可能完不成任务，使用人单位蒙受损失。

（3）兴趣原则。选择职业时，中职生在考虑社会需要的大前提下，既要考虑国家需要，也要兼顾自己的爱好和志愿。一个人对某项职业有兴趣时，才会产生强烈的求知欲和探索欲，才能积极地总结经验、摸索规律而有所突破、有所创造。这对自己是一种开发和展露，对工作也是一种促进。

（4）发展原则。职业不仅是生存的手段，还是人们走向成功的一条发展之路。因此，在选择职业时，中职生也应该考虑职业的适合性、对口性，考虑用人单位的实力和提供的机会、发展前景等条件。这些都是促进或阻碍人们职业发展的因素，中职生应该"择其善者而从之"。

3. 职业选择的策略

人们在谋求出路、寻找工作、选择职业时，虽然会受到多种实际问题的影响，但也不应被动地等待社会的挑选，而应主动地采取各种"策略"来满足自己的需要和愿望。职业选择的策略大致可以归纳为试探性策略、以专业为重点的策略、以工作单位为重点的策略和稳定性策略。

（1）试探性策略。人们刚进入职场或开始新的工作时，往往对自己所选择的新生活模式不能完全把握，这时就可以运用试探性策略，也就是试验的方法，把自己生活的一部分转向新的生活模式，通过一段时间的实践，看这种新的生活模式是否适合自己，然后决定是否要全身心地投入。试探性策略可帮助人们在多种职业中选择一份较为理想的工作。通过试探性策略，人们可以在特定的时间内看到自己在某一领域或某一方面的适应情况和所能取得的成绩，然后根据自己的体验和成绩做出更有远见、更切实可靠的决定。

（2）以专业为重点的策略。在选择职业时，人们应将"专业对口"作为考虑的重心，即希望自己所具有的专业知识、技能、经验与所要从事的工作、职业有直接的联系。这是以工作本身的内容、性质为中心的职业选择策略。

（3）以用人单位为重点的策略。从事一定的职业、做一定的工作，一般要依托一定的用人单位。不同的条件、不同的环境、不同的气氛、不同的待遇、不同的发展机会会让人取得不同的成就。基于这一点，人们可将"用人单位"作为职业选择策略的重点。

（4）稳定性策略。稳定性策略是指人们主要追求职业生活中三个方面的稳定性：其一，工作性质相对稳定，不需要人们经常东奔西走；其二，工作内容相对稳定、轻松；其三，和前两者有关，即具有较稳定的保障，不求一时热、过后冷，大起大落、大喜大悲，能平平稳稳地立身处世。

学以致用

吸取成功者的经验

步骤一：评选出几位战胜困难获得成功的校友。

步骤二：全班分成若干个小组，选定一位校友进行访谈，写出详细的访谈计划书。

步骤三：将心得体会写成文章，想一想自己还应该在哪些方面提高。

知识拓展

职业选择的技巧

选择职业时不仅要遵循基本原则，掌握相应策略，还要学会一定的择业技巧。

1. 明确目标

越来越多的心理学家提醒我们，目标明确会给行动带来许多好处，而且这些好处几乎是会自动到来的。

（1）明确目标后，人们就愿调动一切力量来实现目标。

（2）由于知道自己想要什么，人们会确定正确的方向，并开始行动。

（3）由于知道自己要的是什么，因此当协助自己实现目标的机会出现时，人们能快速地抓住它。

2. 掌握信息，创造机会

掌握信息是做出职业选择的前提和基础。更快、更全面地掌握有效的信息，有利于更好地做出职业选择。

3. 培养主动型人格

在职业选择中，顺应时代，培养积极、主动、健康的人格十分重要。现代人格应该是具有竞争意识、自立意识、自主意识的主动型人格。

第三课　只缘身在此山中
——就业政策

至理名言

悲观的人虽生犹死，乐观的人永生不老。——拜伦

乐观是一首激昂优美的进行曲，时刻鼓舞着你向事业的大路勇猛前进。——大仲马

看图悟道

想一想，你对就业政策了解多少？

_____

_____

一、我国当前就业形势

近年来，国家不断出台相关文件鼓励发展职业教育，而且我国职业院校毕业生一直保持较高的就业率。职业院校毕业生可以自由地按照自己的兴趣爱好、家庭条件和意愿选择"四通八达"的出路，既可以选择就业，也可以像普通高中毕业生一样参加对口升学考试，进入大学读书，还可以一边工作一边参加成人高考，取得工作、学习双丰收。

教育部发布的数据显示，近十年来，中职生就业率（含升学）一直较高，汽车、家电、数控等专业的毕业生就业机会多，而且工作稳定。据悉，在这些行业中，知识型工人正在取代传统产业工人。职业院校毕业生是有专业技术的工作群体，他们将成为行业的主导群体，这也顺应了当前社会对高级技术工人需求量大的形势。

在全国的大、中、小企业中，熟练技工和高级技工等实用型人才一直十分缺乏，技能人才短缺的问题依然突出。近年来，各职业院校主动以市场为导向，开设了社会需求量大、有特色的热门专业。同时，随着企业装备现代化、生产规模化及企业预算的精打细算、用人观念的转变，许多用人单位会优先考虑录用职业院校毕业生，尤其是生产服务第一线的技术岗位。技术过硬、综合素质高的中职生在上岗时往往能一步到位，无须在职培训。

二、我国当前就业方针

根据《中华人民共和国就业促进法》规定，我国当前实行的是"劳动者自主择业、市场调节就业、政府促进就业"的方针。

党的二十大报告指出："实施就业优先战略。就业是最基本的民生。强化就业优先政策，健全就业促进机制，促进高质量充分就业。"这进一步强调了就业在增进民生福祉中的重要性，提出了就业的新目标，并指明了实现这一目标的路径，为做好新时代新征程就业工作提供了根本遵循。

1. 劳动者自主择业

"劳动者自主择业"是指充分调动劳动者就业的主动性和能动性，促使他们发挥就业潜能和提高职业技能，自谋职业和自主创业，尽快实现就业。

随着我国劳动人事制度的改革和就业服务体系的逐步完善，劳动者在择业时具有越来越大的自主性和越来越宽松的环境。国家的就业方针给了学生施展自己才华的机会，同时对其能力的要求也越来越高。

2. 市场调节就业

"市场调节就业"是指充分发挥人力资源市场在促进就业中的基础性作用，包括通过市场职业供求信息，引导劳动者合理流动和就业；通过用人单位自主用人和劳动者自主择业，实现供求双方相互选择；通过市场工资价位信息，调节劳动力的供求。

职业技术学校是连接学生与市场的桥梁，学生学什么、怎么学，学校都会及时根据市场的要求来调整。学校将就业指导及创业教育贯穿于学校教学和管理的全过程，对学生进行加强就业意识与就业能力的培训，积极进行职业定位教育。

3. 政府促进就业

"政府促进就业"是指政府通过宏观经济与就业协调发展的政策发展经济，包括发展第三产业、个体私营经济，增加就业岗位；实行积极的就业政策，扩大投入，健全和发展就业服务体系；采取必要措施，帮助下岗职工和其他特殊群体实现就业。

小王是某职业院校汽车营销专业的学生。毕业前夕，他从朋友处得知长沙一家汽车销售公司正在招聘，就抱着试试看的想法，带着材料来到公司应聘。经了解，与他一起前来应聘的有六七十人，其中绝大部分拥有本科以上学历，而公司只招十几个人。与此同时，另一家汽车销售公司也在招贤纳士，小王也积极参加面试。由于他具有扎实的专业知识，加上面试、笔试都准备得很充分，因此他同时通过了两家公司的招聘，最终他选择了发展前景较好的一家公司。

 本案例是典型的双向选择，在用人单位选择员工的同时，员工也有权利选择适合自己的用人单位。总之，各取所需，劳动者自主择业。

 **学以致用**

就业政策帮助你

小文是会计专业二年级的学生，学习成绩在班上名列前茅。生活中的她乐于助人，得到了教师和同学们的一致好评。但最近她愁眉不展，原因是临近毕业，而工作仍没有着落。小文的腿有轻微的缺陷，这是小时候寻找丢失的羊，在山里摔倒后没有及时得到医治导致的。现在一想到找工作的事情，小文就很焦虑，因为她听说许多用人单位会拒绝聘用身体有缺陷的应聘者。

步骤一：全班分成若干个小组，从国家政策上找出依据，解决小文的心头之忧。

步骤二：小组写一份总结报告，对有关的就业政策进行介绍，并由教师点评。

就业指导与创新创业教育（微课版）

知识拓展

毕业生双向选择就业的基本程序

（1）择业准备。

①心理准备：认清形势，对自己进行合理定位，明确就业地区、行业、职业等目标。

②材料准备：根据目标，有针对性地准备求职信、简历、推荐表、证明材料等求职材料。

（2）收集就业信息：获得就业信息并对信息进行分析和筛选。

（3）参加招聘：依据就业信息参加招聘会或前往用人单位应聘。根据用人单位的不同要求，可能要经过笔试、面试（可能不止一轮）、组织考核、政审、体检等程序。

（4）在双方意愿一致的基础上签订就业协议书。签订就业协议书时把推荐表和审核表原件交用人单位，由用人单位到当地毕业生就业中心办理相关手续。

（5）用人单位将盖有当地毕业生就业中心印章的审核表及双方的协议交学校毕业生就业办公室登记。

（6）学校上报就业计划并统一申办"报到证"等必要手续。

（7）离校时领取"报到证"等证件到用人单位报到。此后与用人单位之间的手续办理由毕业生自行与用人单位联系。

（8）毕业生离校后，学校根据就业计划转递毕业生档案至用人单位或人事代理机构。

（9）未就业的毕业生可在两年内进行就业，学校继续帮其上报就业计划并申办"报到证"等证件。超过时间未就业的，学校将把毕业生的户籍和档案转到生源所在地的人事部门，由当地人事部门办理相关手续。

注：各地每年政策或有微调，具体信息应以当地当年公布的程序为准。

素养提升

一位射洪县的中专毕业生，被誉为"真空"中的铣削专家

全国五一劳动奖章获得者、四川省劳动模范、四川省五四青年奖章、四川省党代表……这些荣誉都属于一个人，他就是罗世军，被誉为"真空"中的铣削专家。

但谁能想到，这位满身荣誉的高新技术型人才，来自射洪职业中专学校，而且只有中专学历！

罗世军，1987年出生，老家在四川省遂宁市射洪县太乙镇鲁家桥，2005年毕业于射洪职中，毕业后来到川北真空（北京）有限公司实习。虽然只有中专学历，但他凭借过硬的技术、五年的努力成了公司精密加工车间的主任，2011年被调往四川九天真空股份科技有限公司担任车间主任，现在是四川九天真空股份科技有限公司党支部副书记、工艺工程师。

谈到过往经历，罗世军表示自己对在职中上学的那三年时间印象尤为深刻。他说："感触最深的还是第一次实训课。在那节课上，老师向我们展示了如何用钢锯与平锉

36

手工制作一个锤子工艺品。当时我就感觉不可思议，也是那一刻让我暗下决心一定要埋头苦学技术，成为技师、成为工匠，为国家做贡献！"

因为动手能力比较强，所以罗世军选择的是机电一体化这门专业。"其实刚开始的时候，我还是有点儿不适应的。教师丰富的理论知识、复杂的设备实操，以及同学们认真学习的状态，让我感到了些许压力。"

经过一段时间的调整，罗世军适应了职中的学习与生活。"毕竟大家都很努力，我可不想被赶超！"学习步入正轨后，罗世军不但没有丝毫懈怠，反而拉长了自己的学习时间，每天早早地来到教室，提前学习当天课堂要讲的知识点。

被曲解的职业教育却改变了我一生

"其实，起初周围的人都不太看好我去职中上学。毕竟在大家的刻板印象中，好像去职中上学的都是成绩不好的，或者不认真学习的。其实并不是，读职中的大部分人是为了多一次选择的机会。无论过去如何，既然选择了职中，我们就拥有同样的机会、同样的平台。同样的时间，比的就是谁更努力、谁更自律。"

"那个时候，身边好多同学都觉得自己没考上重点高中，成绩也不好，年龄也不大，去社会上也不知道该做什么，逐渐开始迷茫、颓废，对未来完全没有规划，也没有期待。"每每说到这里，罗世军都会感叹一句："很庆幸自己当初坚持选择在射洪职中继续学业！"

在射洪职中三年的时间里，罗世军时刻牢记要成为优秀工程师、为国家做贡献的初衷。"我知道学校领导联系到川北真空（北京）有限公司的消息后，便开始准备应聘，应聘过程很顺利。"

说到这里，罗世军不禁感慨："在射洪职中三年时间的知识沉淀和操作实践经验积累，让我在面试时有了足够的底气和自信。如果当时没有选择到职中继续学业，而是去社会闯荡，虽然不一定过得比现在差，但一定没有这么顺利！"

刚去实习的时候，正值北京的冬季，天气十分寒冷，室内温度在 -10℃ 左右，第一个月的时候就已经有一半的同学坚持不下去了。但罗世军始终坚信"只要不放弃，就一定会有结果"！毕竟机会已经出现，能不能抓住全靠自己。靠着这一股不言弃的劲头，罗世军很快就拿到了转正的名额。

成为正式员工的罗世军并没有放松，而是攒着一股劲，一路前进，不断攀升。参加工作以来，罗世军思想上积极要求进步，工作上精益求精，与时俱进，用手工匠艺与机械制造相融合的技术工艺，用"真空科技赋能高端制造"的价值理念，铸就了一身钢筋铁骨。

选择职业教育　成就不一样的未来

罗世军通过自己的努力获得了很多荣誉：2017 年的南充十大工匠、2019 年的四川省五一劳动奖章、2021 年的全国五一劳动奖章、2022 年的四川五四青年奖章、2022 年的四川省第十二次党代表……

面对掌声和赞美，罗世军并没有沾沾自喜："所有光环我都欣然接受，毕竟它们是我自己一步一步挣来的，但这些对我来讲，除了是一种肯定，更是激励我不断前进的动力。这么多年来，我都憋着一股劲，就是想让大家都明白我当初的选择是正确的！"

　　"我很感谢我的母校射洪职中，是它坚守理念，立德树人，专注于我们学生的能力提升。全方位的知识深化，实操能力的着重培养，教学模式的创新改革，这些都为我们学生创业就业奠定了坚实的基础，也让我们在面对困难时有与之一搏的勇气！"

　　念及此，罗世军感慨道："现在的中职教育，早已不同，不仅与普通中学一样有同样重要的教育地位，而且能给予学生更多、更不一样的发展机会！"

　　三百六十行，行行出状元。作为一名中专毕业生，罗世军为自己交上了一份满意答卷！

讨论：

1. 罗世军的事迹带给你哪些启发？
2. 中职生在就业时应注意哪些问题？结合本材料谈谈你的看法。

第三篇

我辈岂是蓬蒿人
——职业素养

开篇思考

你有理想吗？你的理想是什么？
你有哪些好习惯？
你有哪些不好的习惯？

育人目标

1. 树立正确的职业理想，初步养成适应职业要求的行为习惯，激发全面提高自身素质的自觉性，掌握一定的求职技巧和能力。

2. 培养良好的职业人文素养和职业通用能力，坚定不移听党话、跟党走，怀抱梦想又脚踏实地，敢想敢为又善作善成。

第一课　风采自在心中
——职业素养的内涵

至理名言

绳锯木断，水滴石穿。——罗大经
天下之事，常成于困约，而败于奢靡。——陆游

看图悟道

想一想，猪八戒有哪些坏习惯？这些坏习惯对他产生了哪些影响？
_____
_____

职业素养是完成职业活动所必需的基本意识、能力和知识的集合，反映了劳动者在完成职业活动过程中的精神状态和能力水平。良好的职业素养不仅是劳动者学习、劳动和创新的基础，也是其职业生涯健康稳定发展的保障。

职业素养主要包括职业道德、职业情感、职业技能和职业习惯。

一、职业道德

职业道德是和人们的职业活动紧密联系的。从事某种特定职业的人们由于有共同的工作内容和工作方式，受到相同的职业训练，往往具有相似的职业理想、兴趣、爱好、习惯和心理特征。他们在职业生涯中会结成某种特殊的关系，形成特殊的职业责任和职业纪律，从而产生特殊的行为规范和道德要求。职业道德教育是将各种职业规范转化为职业道德的重要环节，包括职业理想、职业态度、职业义务、职业技术、职业纪律、职业良心、职业荣誉、职业作风等。良好的职业道德是劳动者取得职业成功的关键。

各行各业都有自己的职业道德要求。任何一个劳动者职业道德的提高，一方面靠他律，即社会的培养和组织的教育；另一方面取决于自己的努力，即自我修养。两个方面缺一不可，而且后者更加重要。

二、职业情感

职业情感是劳动者因对特定职业感到满足而产生的内心体验，如职业兴趣、职业美感、职业意志等。劳动者对他所从事的职业有浓厚的兴趣时，才能自觉地刻苦钻研业务，苦练基本功，不断提高自己的技能水平，产生强烈的职业热情，形成长久的职业注意力，时刻关注和追踪与职业有关的信息和技术。只有热爱自己的职业，才能真正做到"爱岗敬业"。积极的职业情感是劳动者职业成功的内在动因。

小维毕业于某职业院校的会计专业，她通过自学获得大专文凭后考入农村信用合作社。参加工作以来，她就敬业业，得到了广大储户和领导、同事的一致好评，多次被省、市分行表彰为"青年岗位能手""成才达标先进个人""爱岗敬业先进个人"。她曾先后在办公室、资金营运部、计划财会部、营业部等部门工作。虽说工作过的部门不少，但无论在哪一个工作岗位，她都踏踏实实、勤勤恳恳，不断丰富自己的业务知识，提高自身的业务技能，努力把自己打造成一名新时期"自尊、自信、自立、自强"的职业女性。

爱岗敬业是每一个劳动者应具备的职业素养。只有干一行爱一行，投入职业情感，才能在自己的领域有所发展。

文化贴士

1915年，著名学者黄侃在北京大学主讲国学。他住在北京白庙胡同大同公寓，终日潜心研究国学，有时吃饭也不出门，将馒头、辣椒和酱油等佐料摆在书桌上，饿了便啃馒头，边吃边看书，吃吃停停，看到妙处就大叫"妙极了！"

有一次，黄侃看书入迷，竟把馒头伸进了砚台、朱砂盒，啃了多时，涂成了花脸，也未觉察。一位朋友来访，见此情景捧腹大笑，黄侃还不知为何。

三、职业技能

对于劳动者而言，在熟悉专业理论的基础上，通晓并熟练掌握专业生产各个环节的基本技能，能够分析、解决生产实践中出现的一般问题，能够创造性地运用和开发专业生产的新方法、新技术、新模式，是胜任本职工作的基本能力和看家本领。过硬的职业技能是职业成功的重要基础。除了掌握过硬的技能外，劳动者还应注意培养综合能力，如学习能力、组织能力、交往与合作能力、钻研能力、选择方法与策略的能力、自主性、责任感和承受能力。

小于是某职业院校文秘专业的毕业生，毕业后在一家报社当临时校稿员，工资待遇很低，但是她从不抱怨，而是苦练基本功。几年后，小于的校稿水平远远超过很多同事。过硬的业务素质让领导和同事们对她刮目相看。在竞聘上岗大会上，小于打败了众多高学历的同事，获得了晋升机会。

只要认真钻研，对工作保持热情，就一定能获得成功。

四、职业习惯

每种职业都有其特定的要求，长期从事某种职业的人都有与职业有关的良好习惯。我们有时可以通过一个人的言谈举止判断出他的职业。良好的职业习惯是劳动者职业成功的外在表现。

习惯因一个人行为的累积而定型，它能决定一个人的性格，进而影响一个人的人生。

历史上的大师级人物，无一不是好习惯的受益者。王羲之坚持练习书法，日复一日，年复一年，终成世代敬仰的"书圣"；司马迁坚持14年，方写就《史记》；李时珍坚持27年，博览群书，收集了上万单药方，三易其稿，终写成医药学巨著《本草纲目》……

由此可见，不要忽略我们平时的习惯，它关系着我们的未来。我们要注重培养好习惯。

一个人养成良好的职业习惯后，就会对所从事的职业有一种亲和心理，从心底把它当成自己的第一需要，也会有意识地支配自己的空闲时间来改进工作方法，在不知不觉中把工作做得既轻松又有条理。

■ 学以致用 ■

日常生活习惯"大揭露"

步骤一：准备白纸和笔，全班分成若干个小组，让组员选择互相了解的人作为搭档。

步骤二：组内成员相互写几点他人日常生活中的习惯，以及由此带来的影响。

步骤三：组内成员相互交流讨论，做自我评价，并给对方提出意见和建议。

步骤四：组内成员互相监督，保持好习惯，早日改正坏习惯。

知识拓展

习惯修炼

许多时候，坏习惯就是在你认为舒适的时候形成的。你如果想成功，就必须有成功者应有的好习惯，改掉自己身上的坏习惯。想培养良好的职业习惯，必须做到以下几点。

1. 学会控制自己的情绪

孩提时代是人最率真、随性的阶段，所有的喜怒哀乐都可以毫不掩饰地表现出来。然而，一旦进入职场，我们就要学会控制自己的情绪。

2. 学会与人沟通

人和人之间存在大大小小的差别，所以在沟通方式上也应有所不同。有人快人快语，开门见山；有人沉默寡言，拐弯抹角。与人沟通要先学会倾听，不能只顾着表达自己的意见而忽略了对方的想法。

3. 与不喜欢的人打交道

在生活中，人们往往会选择与志趣相同的人打交道。在工作中，我们要尝试与不同性格的人（包括不喜欢的人）打交道，以提升自己的职场情商。

第二课　天下兴亡，匹夫有责
——责任心的重要性

 至理名言

我们活着不能与草木同腐，不能醉生梦死，枉度人生，要有所作为！——方志敏

盛满易为灾，谦冲恒受福。——张廷玉

看图悟道

> 降妖除魔是俺的责任!

想一想,孙悟空为什么这样说?他的责任是什么?

_____

_____

责任,是指人们应该完成的任务、应该做好的工作。一个人无论担任什么样的角色,做什么样的工作,都要承担一定的责任。在这个世界上,每个人都扮演着不同的角色。从某种程度上说,角色扮演的最大成功就是对责任的完成。责任,让我们在遇到困难时能坚持不懈,在取得成功时能保持冷静。

一、不可推卸的责任

从人们出生的那一刻起,责任便随之而来。当我们在人生旅途中奋力拼搏时,责任始终伴随我们,为我们指明发展方向。不同的人生有不同的责任,不同的人生阶段也有不同的责任。

微课

责任及责任心
的培养

1. 对自己负责

每一个人都要不断地反省自己、修正自己、督促自己,使自己成为一个对自己言行负责的人。

> 小萌是河南某职业院校护理专业的学生,成绩优异,极富责任心。她的理想是做一名像南丁格尔一样的护士,用自己的努力减轻病人的痛苦。可是小萌的父母觉得护士这个职业太辛苦,想让她回家料理生意。小萌说:"我要对自己负责。如果现在就放弃我的理想,我会后悔一辈子。"父母拗不过她,小萌最终走上了护士的岗位。她对工作的认真、耐心、细致获得了领导、同事和病人的一致好评。

  正是基于对自己负责、对工作负责的态度,小萌取得了令人瞩目的成绩。

2. 对家庭负责

对家庭负责,就要学会孝敬父母。孝是中华民族的传统美德,其实质是对父母、对家庭负责。关心、疼爱父母;堂堂正正做人,让父母省心、放心;认认真真求学,让父母看到自己的健康成长：都是对父母、对家庭负责的表现，也是对父母最好的孝敬。

3. 对社会负责

责任感是一种以人道、人生、人性、人格为本位的价值取向。它是在人们对自身价值的认识、自身发展、自身完善和追求自身需要的过程中形成的，并能规范、指导和约束人们的行为。不同行业的劳动者会因为工作性质的不同而履行不同的职责，但他们承担的社会责任具有相同的标准尺度，那就是"追求对社会有利的长期目标"。

文化贴士

对工作极负责的态度体现在白求恩的每一个行动，甚至每一句话里。

有一次，白求恩在病房里看到一个小护士给伤员换药，却发现药瓶里装的药与药瓶上标签的名称不一致，也就是说，药瓶里的药不是应该给伤员用的药。这是一个会导致严重后果的问题。白求恩严肃地批评了那个小护士，告诉她，做事这样马虎，会出人命的。

白求恩用小刀把瓶子上的标签刮掉，并说："我们要对伤员负责，以后不允许再出现这种情况。"

小护士挨了批评，脸涨得通红，眼泪都要流出来了。白求恩心里很生气，但他控制着自己的情绪说："请你原谅我发脾气，可是，做卫生工作不认真、不严格要求不行啊！"

事后，白求恩向组织提出，要加强教育，提高工作人员的责任心。

二、培养责任心

所谓责任心，是指个人对自己和他人，对家庭和集体，对国家和社会所负责任的认识、情感和信念，以及与之对应的遵守规范、承担责任和履行义务的自觉态度。一个缺乏道德情感责任感的人是不会真正关心他人，无法与人真诚合作，也无法适应未来社会的。责任心与自尊心、自信心、进取心、恒心、事业心、孝心、同情心、善心相比，是"群心"中的核心，是健全人格的基础。同时，责任心也是可以培养的。

1. 在增强个人独立性中学会负责

人本主义心理学家罗杰斯认为，人都有一种积极向上的内在趋势，个人所表现出来的主动尝试的愿望就是一种责任的萌芽，因为人的自尊是通过努力提高能力和履行责任来实现的。我们在面对学业问题或生活问题时，要意识到解决这些问题是自己的事，要尽可能独立地想办法，学会自己做出决定，从而学会对自己的决定和行为负责。

2. 在承担家庭责任中学会负责

家务劳动是培养责任心的奠基石。我们作为家庭中的一名成员，既应该享受一定的权利，也应该承担一定的责任，在为家庭做一顿饭、洗一次衣服、倒一次垃圾的过程中感受责任的分量，强化自己对家人负责、对周围环境负责的责任心。

3. 在学习中学会负责

作为一名家庭成员，我们有享受家庭幸福的权利，更有为家人创造幸福的责任。上学读书、学习知识、完成学业就是学生责无旁贷的责任。我们积极地进行自我设计、确立目标、树立理想，有选择地学习，而不是盲目地学习，就是对自己的未来负责任的表现。

4. 在社会活动中学会负责

在各种公益活动、社会实践活动中发挥自己的作用，是学会独立生活，形成自尊、自信的有效途径之一。当我们不再仅仅考虑自己的利益和需要，而愿意为社会提供服务时，我们就开始具备社会责任感了。

目前，社会越来越依赖和看重劳动者的职业精神和品质。所以，在校学生非常需要培养敬业精神。"艰苦与挫折是人生的一种财富""吃苦是成才的门槛，经历艰难才好做人"都是极有道理的。挫折与苦难，可以磨炼人的意志，升华人的精神，促进人的发展，完善人的品格。

■ 学以致用 ■

责任心大挑战

教师策划一次主题是"责任心大挑战"的班级活动，并让学生在活动后讨论"责任心的重要性"。

步骤一：教师组织一次小型的郊游活动，不指定负责人，让学生自由组成若干个小组。

步骤二：教师可以宏观把握，观察活动过程中如买票、查询游览路线等事项的完成情况，还可以设置一些小活动。

步骤三：对于活动过程中的突发事件，教师可以观察学生是如何处理的。

步骤四：活动结束后，教师组织学生评选出本次活动中富有责任心的同学，并围绕"责任心的重要性"进行讨论。

知识拓展

如何增强责任感

1. 勇敢地对自己说"我要负责"

成熟的第一步是勇于承担责任。你即将走上社会，成为一名有素质的社会公民，这就要求你首先能够对自己负责，因此从现在开始，无论是学习、做事还是与同学交往，都应认真对待、善始善终，时刻提醒自己要负责任；主动承担班级、学校和家庭的一些事务，无论大事小事都要尽心尽力；即便犯了错误，也要勇于承担后果，不逃避、不推卸责任；要对自己、父母及社会履行诺言，尽力尽责。勇敢地对自己说"我要负责"后，你会发现你已在把握自己的命运。

2. 不找任何借口

若想推卸责任，总能找到借口。一旦想找借口，你就失去了战胜困难的勇气，就永远找不到问题的症结所在。"没有借口"是一条很重要的行为准则，它强化的是每个人都应想尽办法完成每一项任务的意识，而不是为没完成任务寻找借口，哪怕是看似合理的借口。

3. 从小事做起

责任心是一座道德大厦，是由一根根"钢筋"、一块块"砖头"垒起来的。一个人的责任感也是通过一件件平凡的小事、一项项默默无闻的工作体现出来的。英国护理学先驱、"白衣天使"南丁格尔的伟大就来自平凡。她把护理工作当成一种关乎人的尊严乃至人类文明的神圣事业，而这些恰恰是通过如采光、通风、消毒、合理膳食、整理卧具等细致周到的关爱体现出来的。无论是统管全局的领导，还是在基层工作的员工，关系到责任就没有小事。一颗道钉足以倾覆一列火车，一根火柴足以毁灭一片森林，一张处方足以决定一个人的生死。培养责任感要从小事做起，从身边做起，从现在做起。你要不断提高自己的责任意识，为将来走上工作岗位做好准备。

4. 责任等于秩序

国家有法律，职业也有纪律，你如果在工作中忽视法律和纪律，就会出现种种错误。职业纪律的核心就是讲秩序，讲秩序的前提就是要负责任。如果一个人不讲秩序、不讲职业纪律，你会相信他是一个负责任的人吗？

5. 责任等于价值

要想有所作为，展现你的人生价值，首要的是做好本职工作。刚进入职场的毕业生要做好自己的第一份工作。处境的改变、理想的实现、事业的成功，很多时候不在于你做的是什么工作，而在于你的工作做得怎么样。

第三课　众人拾柴火焰高
——打造团队精神

至理名言

一滴水，只有放进大海里，才永远不会干涸，一个人，只有当他把自己和集体事业融合在一起的时候才能最有力量。——雷锋

独木难成林，只有得到他人的帮助才能成就自己的目标。——乔治·希恩

看图悟道

想一想，这个团队如果少了一个人，会变成什么样子？

_____

_____

团队是一个由员工和管理层组成的共同体，它合理利用每一个成员的知识和技能，使他们协同工作，解决问题，实现共同的目标。团队精神是团队成员为了团队利益与目标而相互协作、尽心尽力的意愿和作风，是将个体利益与整体利益统一起来，从而实现团队高效率运作的动力，是高绩效团队的灵魂，是成功团队的重要特质。

一、团队精神的内容

微课

团队精神的
特点和表现

所谓团队精神，简单来说就是大局意识、协作精神和服务精神的集中体现。团队精神的基础是尊重个人的兴趣和成就，核心是协同合作，反映的是个体利益和整体利益的统一。挥洒个性、表现特长保证了团队成员共同完成任务目标，而明确的协作意愿和协作方式则产生了真正的内在动力。

1. 凝聚力

凝聚力是指团队成员有很强的归属感，每个成员都把自己当作团队的一分子，对团队负责，有强烈的集体荣誉感，愿为共同的目标而努力。

2. 合作意识

合作意识是指团队成员有强烈的团队合作精神，面对困难时能够相互鼓励，彼此之间能够相互尊重、相互包容。

3. 高昂士气

高昂士气是指团队成员积极进取，对团队目标尽心尽力、全方位投入的精神状态。

人的每一根手指都有自己的特点和优势，但不便单独做事；10根手指团结起来，才能将手的作用发挥好。团队也是一样，重要的是让每一个成员做其擅长的事情，而且不要轻视任何一个成员的力量。

团队精神是用人单位选择员工时比较看重的一个方面。每个人都应思考，在团队中你是在创造环境、跟随环境，还是在抱怨环境。团队精神关乎一个企业的生存和发展。无论是在校园里，还是将来走上工作岗位，我们都要重视、培养团队精神，因为它是帮助我们成功的要素。

二、团队精神的木桶原理

盛水的木桶是由许多木板箍成的，盛水量也是由这些木板的长短共同决定的。若其中一块木板很短，此木桶的盛水量就会被短板限制，即这块短板是这个木桶盛水量的"限制因素"。若要使此木桶盛水量增加，就需要将短板加长。人们把这一规律称为"木桶原理"。

在一个团队里，决定这个团队战斗力的不是那个能力最强、表现最好的人，而恰恰是那个能力最弱、表现最差的人。能力最弱的人会影响整个团队的综合实力。因为他相当于木桶中最短的木板，对木桶功能的发挥起制约作用。只有想方设法让短板达到长板的高度，或者让所有的木板维持"足够高"的相等高度，才能完全发挥木桶的作用。人们常说"取长补短"，只取长而不补短，就很难提高工作的整体效率。

A公司员工小刘，由于与主管的关系不太好，一些工作想法不被肯定，因而忧心忡忡，工作兴致不高。正巧这时B公司需要从A公司借调一名技术人员协助推广市场。A公司总经理在深思熟虑后，决定派小刘去。小刘得知这一消息后很高兴，觉得终于有了一个施展拳脚的机会。小刘出发前，总经理只对他简单交代了几句："出去工作，你既代表公司，又代表个人。怎样做，不用我教。如果你遇到了困难，就打个电话回来。"

一个月后，B公司给A公司总经理打来电话："你派来的人真棒！"

"我还有更好的呢！"A公司总经理着实松了一口气。

小刘回来后，部门主管对他刮目相看。后来，小刘对A公司的发展也做出了不小的贡献。

这个例子表明，对"短板"进行激励，可以使"短板"慢慢"变长"，从而增强团队的总体实力。"木板"的高低有时候不是个人的问题，而是团队的问题。

三、团队精神的表现

1. 成员对团队有强烈的归属感

团队成员会强烈地感受到自己是团队的一员，并且由衷地把自己的前途与团队的命运联系在一起，愿意为团队的利益与目标尽心尽力。团队成员对团队具有无限的忠诚，不允许有损害团队利益的事情发生，并且极具团队荣誉感，常为团队的成功而骄傲，为团队存在的问题而忧虑，真心实意地与团队同甘苦，始终站在团队的立场，克服利己思想，事事以团队利益为重。

2. 能够正确处理竞争与合作的关系

一个人的智慧和能力终归是有限的，团队不仅能够提高成员的个人能力，还能够帮助成员加强理解和沟通，战胜一切困难，赢得最终的胜利。同时，团队成员也会在团队协作中迅速地成长起来。

四、培养自己的团队精神

团队是一个有机、协调并且有章可循的整体。团队的整体能力并不是其成员能力的简单相加，而是一种不论在数量上还是质量上都远远超出每个成员能力的新力量。优秀团队的形成不是靠某一两个人的努力，而是靠全体团队成员的共同努力。要知道，最优秀的团队，并不一定是由最优秀的员工组成的，而是由各个成员团结协作、扬长避短来组建的。在专业化分工越来越细、竞争日益激烈的今天，靠一个人的力量是无法面对千头万绪的工作的。一个人可以凭借自己的能力取得一定的成就，但如果能与别人的能力结合起来，就会取得更大的令人意想不到的成就。

现在，用人单位很看重员工的团队精神。个人能力很强，但没有团队精神，不善于和其他同事交流的员工较难受到用人单位的重用。在现代社会激烈的竞争中，合作与交流是取胜的必备要素。

 **学以致用**

团队精神的训练——定向越野赛

定向越野赛简介：选择行进路线，依次到达各个检查点，用最短的时间完成比赛者胜出。

步骤一：教师带领部分学生负责制作校园地形简图，设计行进路线（通常按环形设计，如图3-1所示）；在每个检查点都摆上相应的印章。

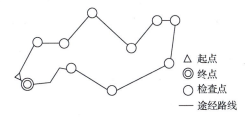

△ 起点
◎ 终点
○ 检查点
—— 途经路线

图 3-1　定向越野赛的路线

步骤二：教师选择集合地，向学生宣布定向越野赛的规则。

步骤三：全班分成若干个小组，每组持一份地图和一张检查点表格，每找到一个检查点，就在表格上盖上相应的印章。（记录出发时间，每组间隔两分钟左右。）

步骤四：教师让优胜小组成员谈谈团队合作的感想并总结团队精神的重要性。

知识拓展

团队及其精神建设

任何一个团队都会经历形成期、冲突期、规范期、产出期、结束期。全面了解团队进化的历程、优秀团队的要点，才能懂得如何积极融入团队，成为一名优秀的团队成员，才能懂得如何组织和管理有绩效的优秀团队，弘扬团队精神。

1. 团队的进化历程

（1）形成期。在团队形成初期，成员彼此不了解，比较拘谨，需要多沟通，共享个人信息，以促进了解。团队领导要引导成员把注意力转移到团队任务上，营造和谐的氛围。

（2）冲突期。这一时期是团队最危险的时期，成员因争名夺利或为职位晋升而争斗，对于出现的各种问题各持己见，对于团队的发展方向也争论不休。有时外界压力也会渗透到团队内部，形成更多的矛盾，增加团队内部的紧张气氛。这种情况需要强有力的团队领导来协调、沟通、组织、控制，以免团队迷失发展方向。

（3）规范期。冲突期过后，团队成员开始以一种合作方式相处。团队规范得以产生，并指导每一个成员的行为，使团队的协调感一天比一天明显。

（4）产出期。团队逐渐成熟和规范，已能应对复杂的挑战并执行其功能，团队成员可以根据需要自由交换角色。

（5）结束期。任务完成，这是总结的好时机。总结是为获得下一次的成功而准备的。

2. 优秀团队的要点

（1）明确的目标。目标是团队工作和团队精神的指南针，是众人着力的方向。如果没有一个大家认可、共同追求、可以引导方向的目标，那么这个团队将是一个毫无绩效的团队。一个团队不但要有明确的目标，并且要让团队每一个成员认识到目标的重要性。成功的团队会把共同的目标转变成具体、可衡量、现实可行的个人绩效目标。

（2）共同的承诺。团队成员达成目标共识后，还要十分清楚自己该承担什么职责、尽什么义务，并愿意尽职尽责。有了共同的承诺，团队才有动力和凝聚力。

（3）坦诚的沟通。团队的每个成员都需要充分了解与团队目标相关的信息，了解当下存在的问题，了解决策调整的原因。团队内部的沟通越顺畅，团队合作的气氛就越浓厚。

（4）相互信任、支持、协作。这是团队精神的核心。团队是由不同个性的个体组成的，每一个个体都有其特长和缺点。每个成员都有较强的集体荣誉感，愿为实现团队目标而挖掘、发挥特长，与其他成员相互支持、团结协作。如此，团队就会战无不胜。

（5）优秀的领导。领导是团队的"领头羊"。优秀的领导能够使团队有正确的前进方向，能够率领团队在逆境中取得成功。优秀的团队领导能认清团队目标，建立团队共识和自信，提升团队工作技巧，消除外界障碍等。

（6）不断寻求发展。荣誉感和归属感是优秀团队的必备品质。如果每一个成员都有极强的集体荣誉感和与团队不可分割的归属感，那么在工作中，他们不但会相互鼓励，不断提高战斗力，而且能以集体荣誉为傲，不断寻求团队更高层次的发展。

一个积极向上的团队能鼓舞每一个成员的信心；一个充满斗志的团队能激发每一个成员的热情；一个倡导创新的团队能为每一个成员的创造力的延展提供足够的空间；一个协调一致、和睦融洽的团队，能给每一个成员一份良好的感觉。遵循团队发展特点，抓住以上构建优秀团队的要点，营造团队积极向上的氛围，会让工作开展得更顺利，让工作成绩更突出。

素养提升

钱学森的职业素养

钱学森十分注重发扬民主作风。他认为，民主集中制的科学管理是"两弹一星"事业取得成功的一条重要经验。他在国防部第五研究院和第七机械工业部担任技术领导人期间，就是按照民主集中制的原则，在每个星期日下午，将几位总工程师请到家中，研究讨论重大技术问题。钱学森说："你们提的建议如果成功了，功劳是大家的；失败了，责任由我来承担。"钱学森敢于担责、重视技术民主的工作方式使他周围的人团结成一个牢不可破的集体，充分激发了所有人的工作积极性。

钱学森不仅能听取老专家的意见，对于年轻人的大胆创意，只要是科学的，也积极支持。有一次在基地做导弹的全程试验，大家在开始时就发现，这次试验可能达不到预定的射程。这时，分院一位叫王永志的年轻人向钱学森提出了一个大胆的设想：泄掉一部分推进剂。这和一般的思路刚好相反，但王永志坚持说，他经过计算，泄掉一部分推进剂就能增加射程，达到设计要求。钱学森听后，认为这位年轻人说得有道理，于是在现场大胆决定：按王永志的意见办。最终这次试验达到了预期的射程。

钱学森在生活上也处处严格要求自己，从不以"大科学家"自居。在三年困难时期，钱学森和大家一样，常常在食堂排队打饭。这就是一位科学家的人生态度。中华人民共和国成立后，他心甘情愿地放弃国外的优厚待遇，克服重重困难回到祖国，和人民同呼吸、共患难，一心想的是报效祖国。1991年，钱学森被授予"国家杰出贡献科学家"称号。

虚怀若谷，察纳雅言，我们的事业就能顺利地推进。这是钱学森先生作为一名科学家的人生态度，它更应成为所有为中华民族伟大复兴而努力工作的人的共同准则。

讨论：

1. 你从钱学森先生身上学到了什么品质？
2. 结合本课内容，谈谈职业素养在职业生涯中的重要性。

第四篇

疾风知劲草
——求职面试

开篇思考

你快毕业了吗？
你准备好奋斗了吗？

育人目标

1. 学习与面试相关的知识，掌握求职的基本方法，确立正确的求职观，提高自身的职业素养。
2. 当代中国青年生逢其时，施展才干的舞台无比广阔，实现梦想的前景无比光明，要对自身的职业前景充满希望，以自信的姿态参加面试。

第一课　吹尽狂沙始到金
——求职渠道

至理名言

善于捕捉机会者为俊杰。——歌德
普通人只想到如何度过时间，有才能的人设法利用时间。——叔本华

看图悟道

到哪里找工作？
何时有求职信息？

你躲在山洞里，机会
当然不会从天而降。

如果你是孙悟空，你会怎么建议猪八戒求职？
A. 上天庭广投简历
B. 参加蟠桃大会时注意有没有单位招人
C. 请天兵天将推荐工作
参加小组讨论，谈谈自己的看法，记录下有见地的想法。

_____

_____

"年年岁岁花相似，岁岁年年人不同。"即将毕业走向社会的阶段，是学生人生中的重要阶段，紧张而充满希望。求职面试，更是学生从未经历过的新鲜"历险"。迎接求职面试高峰期的到来，我们需要做的是寻找求职渠道。

所谓寻找求职渠道，是指搜集工作信息及求职的途径。对渠道进行分析的目的是尽可能地抓住一切工作机会并充分利用自己的资源。求职的一个重要步骤就是从各种渠道中寻找有效信息并加以分析和整合。

微课

求职渠道

求职渠道主要包括学校推荐就业、招聘会与洽谈会、报纸杂志、网络、关系网、主动求职、曲线求职、单位实习等。

一、学校推荐就业

职业院校把解决毕业生的就业问题当作一项重要任务，并通过安排毕业生就业来了解用人单位对毕业生的要求，不断探索适应市场需要的人才培养标准，不断增强学校的办学活力。

（1）学校推荐就业的程序

学校推荐毕业生就业是学校教育教学工作的延伸。学校首先会在学生中开设就业指导课或开展就业指导活动，对学生进行就业观念教育与择业技巧方面的指导，以端正学生的择业观念，提高学生的求职水平；其次会设计并指导学生制作求职的书面材料（主要是《毕

就业指导与创新创业教育
（微课版）

业生就业推荐表》，见表 4-1），为推荐毕业生就业做好准备；最后会实施毕业生就业推荐。

表 4-1　毕业生就业推荐表

姓名		性别		出生年月	
籍贯		民族		政治面貌	
学制		学历		健康状况	
入学年月		毕业年月		专业	
本人通信地址				邮编	
				联系电话	
社会实践			证书		
奖惩			技能特长		
教育背景					
备注					
毕业生自我推荐					
			本人签名：　　　　年　　月　　日		
班主任鉴定					
			班主任签名/盖章：　　　年　　月　　日		
学院推荐意见			学校推荐意见		
	学院盖章：　年　月　日			学校盖章：　年　月　日	

学校推荐毕业生就业的关键是学校能够获取足够多的用人需求信息，以供毕业生择业时选用。学校负责推荐就业的职能部门应经常与可能用人的单位联系或参加各种招聘会、洽谈会，以获取就业信息。

（2）学校推荐毕业生就业的形式

①直接向用人单位推荐。

学校会与一些企业形成相对稳定的校企合作关系，由学校向这些企业推荐学生，可以增加学生被录取的概率。

②召开供需洽谈会。

供需洽谈会由学校根据本校情况举办，让用人单位与学生双方当面洽谈并进行双向选择，以便达成就业意向或就业协议。

③实行实习就业一体化。

这一形式打破了原有的实习与就业分离的模式，将实习与就业结合起来，让学生在同一用人单位完成实习并实现就业。

二、招聘会与洽谈会

一般来说，各地劳动人事部门都会定期举办各类人才招聘会、洽谈会等，以促进人才的合理流动，同时也为毕业生创造就业机会。中职毕业生应积极参加这些活动。

目前，招聘会主要有两种：大型综合招聘会和规模较小的专业人才招聘会。前者一般选在大型的展览中心、体育场馆举办，可以吸引几百家甚至上千家用人单位前来发布职位信息并与求职者见面。大型综合招聘会一般按季度举办，如"××市秋季人才招聘大会"。参加后者的用人单位一般来自特定行业，求职者也多以该行业的职业类型为求职目标。

参加招聘会时注意以下几点，可提高成功率。

（1）多多留心。要早去晚归，尽可能在会场多看一看。

（2）准备充足。事先查看会场平面图，选出目标用人单位，并在图中圈出。去参加目标用人单位的面试前，可以先试一下其他用人单位，这既可以帮助自己获得信心，也可以练习一下"自我推销术"。

（3）衣着得体。衣着整洁很重要，要穿职业装。不要把外套搭在胳膊上，以腾出手来与面试人员握手或者填写表格。

（4）自我介绍。在招聘会上向别人介绍自己时，不要长篇大论、滔滔不绝，因为面试时间有限。要学会有效地表达自己，理想的自我介绍的时间是3分钟。

（5）开门见山。要直截了当、引人注目，以便面试人员记住你的姓名和特点。要满怀信心地面对面试人员。

（6）亲自体会。不要过分相信朋友或家人的评价而热衷或歧视某个用人单位，要亲自与用人单位接触，做出客观、明智的选择。

三、报纸杂志

在报纸和杂志中寻找职位信息是传统且常见的求职方式之一。刊登招聘信息的报纸一般分两种，一种是大众类报纸，另一种是专门的人才类报纸。

四、网络

目前，不少学生对网络招聘青睐有加，但是在享受网络带来的快捷和方便的同时，要注意防止网络诈骗。

（1）学生需要根据个人的专业、爱好和特长，有目标地向用人单位求职，不要没看清楚职位的具体需求就盲目地投简历，尤其不要应聘同一用人单位的不同岗位，因为这样容易给用人单位留下随意、不专业、缺少诚信的不良印象。

（2）寻找合适的时间。网络招聘会的举办周期通常为一周或一个月，求职者需要在第一时间找到合适的用人单位并投递简历。同时，学生需要关注和留心信息发布的时间，争取在第一时间将自己的"名片"递到用人单位的相关人员手中。

（3）参加正规的网络招聘会。由于网络本身的特性，学生很容易遇到网络诈骗和虚假信息，所以在选择的时候要格外注意。

五、关系网

通过能够帮助自己的亲戚、朋友在第一时间获得招聘信息，能让学生比其他竞争者早做准备，为面试成功奠定坚实的基础。

列一个关系网表，从亲戚、朋友到普通的熟人，逐个同他们联系。如果他们不熟悉你所寻求的职业，就请他们为此事留心，同时请他们为你介绍一些可能对你所求职业熟悉的人。

借助关系网求职，同样需要携带简历、求职信等相关资料，因为面试你的人并不一定了解你。关于这点，很多学生通常会忽略，因此一定要引起足够的重视。

> 小王、小李、小刘三人同为毕业生。小王通过在招聘会上与用人单位面谈找到了自己心怡的工作。小李由学校推荐到某用人单位就职，虽然薪水不是很高，但由于专业对口、劳动强度不大而觉得基本满意。小刘是个很重情面的人，他的朋友介绍他到某私营企业工作，他觉得情面难却就去了。虽然小刘的薪水还过得去，但这份工作对于小刘来说，专业不对口，劳动强度很大。干了两个月后，小刘觉得吃不消，就离开了这家私营企业。

 通过关系网求职时要谨记，选择适合自己的岗位。

六、主动求职

所谓主动求职，是指主动和用人单位联系，用自己的实力、自信和诚心打动对方。这需要学生有较强的交流、沟通能力。切记主动求职时一定要具备实力，做好充足的心理准备，因为很有可能会碰钉子。

> 某校园林专业毕业生李某，在校期间担任过学生会主席，个人能力很强，有一股闯劲。他想毕业后去上海工作，但在本地招聘会上一直没找到令他满意的用人单位。后来，李某带着自己的各种证书，只身前往上海，到相关用人单位一家一家地求职。虽然一次一次地被拒之门外，但他没有灰心。在上海奔波了20多天后，他在上海市绿化和市容管理局求职时讲了他的经历。人事处的工作人员很感动，觉得他条件不错，便安排他到下属单位工作，并且下属十几家单位任他挑选。最后他选择了上海市区的一个园艺站。

机会是需要自己争取的。毕业生在求职择业时，不能被动地等待，而要积极主动地出击。这样，才能如愿以偿。

主动求职时需要注意以下几个方面。

（1）知己知彼。主动了解用人单位的信息和主动向用人单位介绍自己的做法并不是对所有用人单位都有效，有些用人单位的人事负责人更欣赏踏实、不爱出风头的员工。如果拿不定主意，学生可以事先请熟人帮忙询问该用人单位的人事负责人是否欣赏主动精神。

（2）因地制宜。学生可根据工作性质、职位高低等因素选择是否主动，如销售人员可以多主动，行政人员可以少主动；低级职位可以多主动，高级职位可以少主动；个人条件和工作要求差距小的时候多主动，差距大的时候少主动。

（3）适可而止。主动求职时，薪资的谈判环节对用人单位比较有利，而不利于学生。用人单位往往会抓住学生的心理，压低学生对薪资的期望值，这一点需要学生事先做好心理准备。主动求职时千万不要做过头，否则会引起对方的反感。

七、曲线求职

目前社会竞争比较激烈，很多时候不可能一毕业就找到一份心仪的工作，这个时候，学生需要从小事做起，等待机会，储备实力，并在适当的时机展示出来，以得到用人单位和社会的认同。

> 20岁的小余是安徽某幼儿师范学校的学生，毕业后通过自己的努力考取了教师资格证。她不喜欢父母在家乡给自己安排的工作，想去省会闯一闯，于是参加了合肥市的一些招聘会。遗憾的是，许多用人单位要求求职者具备大专以上的学历。但是小余并不气馁。有一家幼儿园招聘幼儿生活辅导员，虽然工资比较低，但小余还是去面试了，也很顺利地通过了面试。在工作中，她认真负责，孩子们都很喜欢她。她也不忘记学习，时常边弹电子琴边教孩子们唱歌。一年过去了，幼儿园有一个老师离职，在新一轮的招聘中，园长毫不犹豫地聘请了小余。

案例中的小余是一个聪明的求职者，她从生活辅导员做起，等待机会。有句话说得好："机会属于有准备的人。"果然，在新一轮的招聘中，小余如愿成了一名幼儿教师。

八、单位实习

用人单位很看重毕业生的实习经验，因此，你可以选择到一家单位实习，抓住机会，努力表现，争取留在实习单位任职。这也是一次"双赢"，为双方节省时间、金钱和精力。

据统计，利用实习机会找工作，是一种成功率较高的求职方式。所以，找准实习单位非常重要。不要将时间浪费在那些肯定进不去的单位或自己不感兴趣的岗位上。在实习的过程中一定要努力表现，把自己的闪光点一一亮给实习单位。在实习时如果发现问题，要尽力给出解决问题的方案，这样能够让实习单位看到你的能力。

通过以上几种求职方式求职，加之你的个人才华和能力，你一定能够找到一份令自己满意的工作。

就业指导与创新创业教育
（微课版）

■■ 学以致用 ■

求职渠道小调查

步骤一：全班分成若干个小组，每组调查几名往届毕业生的求职渠道及就业情况。
步骤二：每组对调查信息进行比较分析，然后在班上讨论。
步骤三：每人结合自己的情况，写出毕业后求职的首选渠道与备选渠道。

知识拓展

选择正确的求职渠道，避免掉入求职骗局

求职是大多数毕业生必须经历的一个阶段，求职的渠道也是五花八门。有些不法分子会利用毕业生急于找到工作的心理，设计众多求职骗局，让毕业生承受巨大的损失。面对这种情况，毕业生除了要有辨别真假的能力，还要谨慎选择求职渠道。只有这样，才能从源头上避免掉入求职骗局。

1. 选择政府主办的招聘平台

政府主办的招聘平台是颇有保障的求职渠道。政府主办的招聘平台包含以下三种：一是政府主办的人才网，会经常发布当地的岗位需求；二是当地线下的人才市场，能让毕业生更直观地了解用人单位情况和岗位需求情况；三是政府部门举办的线下招聘会，这是一个与政府挂钩的颇有保障的招聘渠道。

2. 提前了解用人单位的背景和经营情况

遇到心仪的岗位时不要着急投递简历，应先了解一下这家用人单位的大概背景和当前经营情况。可以直接到"国家企业信用信息公示系统"查询这些内容。"国家企业信用信息公示系统"只需使用者简单注册个人信息，而且是免费的。网站上公示的内容不仅包括企业的营业执照信息，还包括企业登记的股东、人员信息和企业的变更信息，以及企业具备的行政许可信息、行政处罚信息和是否列入经营异常等信息。这些信息可以帮助毕业生了解一家企业的大致情况。

3. 不要轻信所谓的猎头招聘

猎头招聘是企业在中高端岗位招聘遇到瓶颈时才会选择的招聘方式。一般来说，猎头提供的岗位较为高端，薪酬待遇也是较好的。常有一些非法分子打着猎头招聘的名义进行欺诈。这就要求毕业生对自己有清晰的定位和认知。如果你不具备岗位对应的能力，而猎头找到了你，那猎头的身份和行为就很可疑。如果你真的是十分优秀的人才，那大多数情况下用人单位会直接联系你。

第二课　人生若只如初见——求职简历

至理名言

不傲才以骄人，不以宠而作威。——诸葛亮
大智者必谦和，大善者必宽容。——周国平

看图悟道

想一想，猪八戒如何写求职简历，才能得到用人单位的青睐？

_____

_____

求职简历具有投石问路的作用，能否敲开用人单位的大门，要看求职者简历水平的高低。求职简历就是求职者和用人单位的"初次会晤"，一份高水平的求职简历，会使求职者顺利闯过求职的第一关；一份水平不高的求职简历，则会使求职者失去求职机会。能受到用人单位青睐的求职者，往往是那些善于表现自己，让对方感到他最适合这一工作的人。写求职简历的目的就在于此。

一、求职简历的重要性

求职简历是用人单位了解求职者客观情况的重要背景材料，是用来支持求职申请、证明求职者适合担任所申请的职位的重要资料。求职申请反映的是求职者的主观情况和求职意向，而简历反映的是求职者的客观情况。与一般的简历不同，求职简历不是简单地记录求职者曾经做过什么，而是根据职位的需要来反映求职者的基本信息、学业、经历、工作经验和特长，以给用人单位留下深刻的印象，达到进一步推销自己的目的。

二、求职简历中应体现的内容

（1）身份详情，即姓名、性别、年龄、籍贯、民族、政治面貌、健康状况、家庭与婚姻状况、主要社会关系、联系地址、邮编、电话等。

（2）学习情况，包括毕业学校、专业、学习时间、主要证明人姓名、开设课程与学习成绩（应结合所求职位的要求突出重点和强项）、获得的证书或职业培训资料等。

（3）相关经历，包括实习、担任社会工作、参加社会活动等内容，尤其要突出与所求职位有关的工作经历和工作成绩。内容要具体，证明人要真实。

（4）兴趣特长，重点是与所求职位有关的兴趣特长，包括专业技术特长和一般性特长，如外语、计算机、写作方面的特长等。

三、写求职简历的注意事项

1. 内容简洁，提纲挈领，突出重点

求职简历要真实反映求职者的情况，切忌事无巨细、面面俱到，要突出重点。与所求职位有关的学习、实习、社会活动等经历要叙述清楚，要突出获得的荣誉和特殊成绩。不要抒发感慨或粉饰自己。要反复修改，删除多余的内容，做到基本情况清楚、关键内容突出。

2. 紧扣职业要求，扬长避短

求职者要研究与所求职位相关的资料，并据此来合理安排求职简历的内容，突出职位所需要的优势、特长，以引起用人单位的重视。例如，准备应聘营销员职位时，求职者应根据"具有实际销售经验"等职业要求把与营销相关的经历放在首位。要突出自身优势，适当回避不足，因为一开始就写自己的不足，可能会使用人单位失去兴趣。对于不足，求职者可在适当之处一带而过，或使用较含糊的文字，如"相当的年龄"（年龄不够时）、"相当的学历"（学历不够时）、"实践动手能力强"（考试成绩不太理想时）等。争取到面试机会并表现出自己的优势后，再提及不足，其负面的影响就较小。

3. 简历外观要美观，做到别具一格

制作求职简历时要在编排上多下功夫，字迹要工整，以打印为宜（特殊要求除外），不要出现错别字或涂改痕迹。可设计引人注目的封面。提供的标准照片应能反映出求职者的精神面貌，忌使用戴墨镜的照片或在风景地拍摄的人像照片。

4. 证明材料要充分、真实

凡能证明自己能力的材料都要收集齐全。证明材料要真实可靠，注意加盖公章。证明材料的出处要注明，如有特别需要，可提供一些公证过的材料复印件。常见的证明材料有成绩单、技能等级证书、获奖证书、实习或工作鉴定及其他与求职有关的证明等。证书的编排可按年份进行，证明材料应提供复印件，原件要妥善保存。

5. 适可而止

有些求职简历虽然文笔通顺、字迹工整，但不受用人单位认可。最常见的问题有四种：一是限定时间，如"敬请某月某日前复信为盼"等，表面上看相当客气，可是客气之中却给对方限定了时间，容易引起对方的反感；二是使用强迫口吻，如"盼望获得贵单位的尊重和考虑"等，好像对方不接收你就是不尊重你，这当然是对方难以接受的；三是以上压下，如"贵单位总经理要我直接写信给你"或"某领导很关心我的求职问题，特让我写信找你"等；四是表现得过于自负，如"现有几家单位欲聘我，所以请你从速答复"，这样往往会使对方十分反感。

四、求职信、个人简历、自荐书和毕业生推荐表的书写格式

1. 求职信

求职信作为一种信函,具有一般信件的书写格式。它主要由7个部分组成,即称谓、开头、主体、结尾、致敬语、署名和日期。

（1）称谓。称谓即对接收并查看信件的人的称呼。一般来说,如果不清楚收信人的信息,可以直接写上"尊敬的领导";如果要写具体的称呼,就要特别注意此人的姓名和职务。写求职信的目的在于求职,因而称谓要求严肃、谨慎,要有礼貌,不能随随便便,也不能过分亲昵,以免给人留下阿谀奉承、唐突的印象。称谓后的问候语一般应为"您好"而非"你好"。

（2）开头。求职信的开头应开宗明义,自报家门,直截了当地说明求职意图,使求职信的主旨明确、醒目,引起对方注意,如"我是×××学校应届毕业的学生,想在贵公司谋求一份工作"。

（3）主体。这是求职信的重点,书写形式可以多样。其基本信息一般包括姓名、学历、毕业学校、专业、求职理由和目标。应重点介绍自己应聘、应征或寻求工作的条件,突出自己的重要成绩、特长、优势及适合的岗位;阐述自己的敬业精神;简单介绍自己的个性。总之,要做到告知情况,突出重点,言简意赅,具有吸引力和新鲜感,语气自然。

（4）结尾:求职信的结尾主要用于进一步强调求职的愿望,希望用人单位给予面试机会等。无论如何表述,都要恰当、得体地表述自己的愿望,掌握好分寸,以免留下不良印象。

（5）致敬语、署名和日期。因为求职信是求职者打开用人单位大门的第一把钥匙,所以致敬语要讲究礼节。写完结尾后,求职者可用一句祝福语作为致敬语,也可在下一行空两格写上"此致"二字,后面不打标点,再在下一行顶格书写"敬礼"二字,后面用感叹号。在致敬语的右下方,求职者要写上自己的姓名及具体日期。若是手写,要注意两点:一是不要过分谦卑,故意贬低自己;二是字迹要工整,简单、大方最好。

求 职 信

尊敬的领导:

您好!

我是一名刚刚从聊城××学校会计电算化专业毕业的中职生。我很荣幸有机会向您呈上我的个人资料。在投身社会之际,为了找到符合自己专业和兴趣的工作,更好地发挥自己的才能,实现自己的人生价值,我谨向您做一下自我推荐。

作为一名会计电算化专业的学生,我热爱我的专业并为之投入了巨大的热情和精力。在三年的学习生活中,我所学习的内容包括从会计学的基础知识到运用等许多方面。通过学习,我对这一领域的相关知识有了一定程度的理解和掌握。此专业是一种工具,而利用此工具的能力是最重要的。通过与课程同步进行的各种相关实践和实习,我已具备一定的实际操作能力和技术。我知道计算机和网络是将来工作的工具,在学好本专业的前提下,我对计算机产生了巨大的兴趣,通过学习相关知识,现已能熟练操作计算机。

我正处于人生中精力充沛的时期,渴望在广阔的天地里展露自己的才能,期望在实践中得到锻炼和提高,因此我希望加入贵单位。我会踏踏实实地做好属于自己的工作,竭尽全力在工作中取得好成绩。我相信经过自己的勤奋和努力,一定会做出应有的贡献。

感谢您在百忙之中给予我的关注，愿贵单位事业蒸蒸日上，屡创佳绩，祝您的事业百尺竿头，更进一步！

希望您能够对我予以考虑。我热切期盼您的回音。谢谢！

此致

敬礼！

求职人：×××

××××年××月××日

2. 个人简历

个人简历将个人的情况用简练的文字展现在用人单位面前，让用人单位对求职者有一个简要、清晰的了解。一份优秀的个人简历会成为求职者顺利就业的助推器。个人简历有表格式、提纲式和个性化式（如名片式和视频式）三种，常用的有表格式和提纲式。表格式个人简历如图4-1所示。

个 人 简 历

求职意向	计算机及电子商务类职业					照片
姓名	×××	性别	男	出生年月	2004年10月1日	
籍贯	福建	民族	汉	政治面貌	共青团员	
毕业院校	厦门××职业学校			所学专业	电子商务	
家庭住址	厦门市××区××大街1号			邮编	××××××	
联系电话	139××××××××			E-mail	×××@sohu.com	
教育背景	2019年9月—2022年7月		厦门××职业学校			
	2016年9月—2019年6月		厦门市××中学			
	2010年9月—2016年6月		厦门市××小学			
主修课程	数据库基础、网页设计、多媒体、电子商务概论、电子商务法规、电子商务网站建设与实践、计算机网络技术、计算机组装与维护、计算机操作基础、物流学概论、会计学基础、统计学原理、经济学原理、网络营销等					
证书及获奖情况	2020年获校"三好学生"					
	2021年取得助理电子商务师职业资格证书					
	2021年取得全国计算机等级考试二级证书					
	2021年获校"优秀学生干部"					
	2022年获国家奖学金					
社会实践	2021年2月在厦门市统计局参与全市统计工作					
	2021年8月利用课余时间在××××连锁公司做临时手机促销员					
自我评价	性格开朗，爱好广泛，做事踏实，积极主动，吃苦耐劳，自觉自律，待人真诚，善于与他人相处，有很强的责任感和事业心					

图4-1　表格式个人简历

3. 自荐书

自荐书是用于自我推荐的信函。它与求职信不同，求职信"求"的目标十分明确，而自荐书暂无具体的目标，适合在人才招聘会上使用。

（1）自荐书的内容和书写方法大致与求职信相同。

（2）自荐书的书写应注意把握自我介绍的量和度，要实事求是，恰如其分，切忌夸夸其谈、自我炫耀；不要过于谦卑，缺乏自信；要突出重点，展示风采。书写态度要诚恳、热情，体现出积极和进取风貌。

自 荐 书

尊敬的招聘主管：

您好！

我是××中等职业学校市场营销专业的学生，愿将所积累的学识贡献给贵单位，并为贵单位的进步与发展贡献自己的全部力量。

我深知，"机遇只垂青有准备的人"。在校期间，我抓住一切机会学习各方面的知识，锤炼自己各方面的能力，使自己朝着现代社会所需要的具有创新精神的复合型人才发展。我的英语水平达到公共英语三级，计算机通过国家等级考试二级，并连续两年获得奖学金。在努力学习专业知识的同时，我还涉猎了法律、文学等方面的知识。

"在工作中学会工作，在学习中学会学习。"作为一名校学生会干部，我十分注重对自己能力的培养。乐观、执着、拼搏是我的航标；在险滩处扯起希望的风帆，在激流中凸显勇敢的性格，是我的人生信条。由我提出并组织的"首届金秋文化节"得到了学校老师和同学们的认可，使我以更饱满的热情投入新的挑战，向着更高的目标努力。为了更全面地锻炼自己，我利用假期先后在地方工厂、企事业单位进行社会实践，我的实习论文被评为"优秀实习论文"。这些经历为我走入社会、参与商业经营运作奠定了良好的基础。通过社会实践，我还学会了如何与人相处。

在即将走上社会岗位的时候，我毛遂自荐，以满腔的真诚和热情期盼加入贵单位。

此致

敬礼！

自荐人：×××

××××年××月××日

---

4. 毕业生推荐表

毕业生推荐表是学校向用人单位推荐毕业生的正式书面材料。它的内容需要经过毕业生所在学校审核并加盖公章。原件每人一份。这份材料是用人单位必看的，因此应认真对待。

（1）填写注意事项

①字迹工整。填写时要用黑色钢笔或黑色水性笔，不可用圆珠笔或其他颜色的笔。字迹要工整，切忌涂改。

②内容翔实。毕业生的基本信息、能力、获奖情况、表现情况等一定要如实填写，否则不但会失去就业机会，而且会失去做人的诚信。

③照片要求。毕业生应挑选一张穿职业装且能展现青春朝气、稳重自信的照片贴在毕业生推荐表上。

④填写完整后交给学校审核盖章。

（2）使用注意事项

毕业推荐表原件每人仅一份，所以毕业生在求职时可先用复印件。原件和复印件都不可折皱、弄脏。

 学以致用 ■

填写我的简历

按照表4-2的要求完成简历填写。

表4-2　个人简历

求职意向					照片
姓名		性别		出生年月	
籍贯		民族		政治面貌	
毕业学校				所学专业	
家庭住址				邮编	
联系电话				E-mail	
教育背景					
主修课程					
证书及获奖情况					
社会实践					
自我评价					

知识拓展

优秀求职简历的几个必备要素

1. 定位

在撰写求职简历前，要确定求职简历的阅读对象是谁，是人事部经理、部门经理，还是单位领导，以便根据不同的阅读对象来撰写求职简历。

2. 举证

对于以往的工作经历，求职者应该用数据表现出来。数据能给人一种直观、可信的感觉，可以增加说服力。

3. 突出特色

与众不同的求职简历更容易引起用人单位的注意。求职简历要充满激情和勇气，让用人单位感觉到希望和生机。

4. 职业化

求职者在求职简历中一定要反映出自己的职业素养。

5. 整洁、美观

用人单位可以通过一份求职简历的书写和样式来判断求职者的性格特点，所以，求职简历不需要多么复杂，但一定要整洁、美观。

第三课　世事洞明皆学问
——面试技巧

至理名言

成立之难如升天，覆坠之易如燎毛。——《新唐书》
谬误有多种多样，而正确却只有一种。——亚里士多德

看图悟道

衣冠不整者，不可进入。

你认为面试时应做哪些准备？

_____

_____

一、面试前的准备

1. 搜集信息

面试前，毕业生需要对搜集到的就业信息做进一步的分析、研究，选出有使用价值的重点就业信息，对重点就业信息中用人单位的情况进行全面了解，弄清这些用人单位的情况，如其是国有企业、民营企业、合资企业，还是事业单位；是大型企业、中型企业，还是小型企业；是在初创阶段、发展阶段、鼎盛阶段，还是衰退阶段；内部管理体制、工作地点、工作环境、工资待遇、福利待遇、交通状况等。面试前，毕业生不仅要总结自己各方面的情况，还要了解用人单位的基本情况，以迎接面试的挑战，"知己知彼"才能"百战不殆"。

2. 模拟问答

（1）为什么选择到本公司来应聘

这需要求职者提前做好准备，对该公司的基本情况进行调查和总结。以积极、正面的答案回答，通常较易博得用人单位的好感。尚无工作经验的求职者可坦诚地表达应聘的动机与目的。

（2）你有什么样的工作经历

求职者不仅要指出每份工作经历的具体时间，还要向用人单位详细说明相关的工作内容与取得的成就。此外，可在面试材料中加入求职相关的资格证书。

（3）你对工作有什么目标和期望

用人单位很看重有目标的人，因为对工作拥有目标和期望的人通常成长较快。面对这一问题，可以这样回答："我的目标是……为了达到这个目标，我必须……而我拥有这样的自信。"

（4）你为什么对这份工作感兴趣

无工作经验的求职者可以围绕自己被这份工作吸引的原因及关心的问题回答，如"交通方便""工作性质适合自己"。有工作经验者若能指出这份工作的独特之处，就可给用人单位留下良好印象。

（5）你对工作有哪些成功或失败的经验

谈成功经验时，求职者应叙述实际成果，借此凸显个人经验与自信，即使很小的成功经验也无妨，并积极陈述个人工作态度。谈失败经历时，与其轻轻带过，不如陈述如何克服难题及获得哪些经验。

（6）你出于何种动机选择这份工作

这类问题多针对无工作经验者，以了解其对工作的理解程度，确定其是否怀抱憧憬或基于兴趣应聘。求职者可从对工作的研究与个人兴趣的角度组织答案。

（7）你认为这份工作的前景如何

这类问题主要是了解求职者对行业现状的理解及展望，也可了解无经验者对行业的投入意愿与关心度。回答此类问题不需有独特的见解，只需表达真实的想法。已在该行业工作过的求职者，不仅需要表现出对该行业有多了解，而且需要加入个人见解。

（8）请评价一下你自己

这是用人单位为了解求职者如何客观分析自己，并测试其表达与组织能力而提出的问题。要避免抽象的陈述，应以具体的体验及自我反省为主，以使回答更具吸引力。

（9）你期望的待遇是什么

这类问题以给出清楚、明确的答复为佳。求职者可客观归纳自己的年龄、经验、能力等情况，再依据行业类别、公司规模等资料，提出合理的期望待遇。

3. 准备必需品

求职者可以把面试前需准备的物品分为几类，如书面文件、联系方式、联络工具、书写工具、零钱等，制成表格，逐项打钩，避免遗漏。

面试前需准备的物品如表 4-3 所示，准备好后请在"检查栏"中画"√"。

表 4-3　面试前需准备的物品

物品	检查栏
求职简历、自荐书、作品、证书等	
面试的地址、电话	
移动充电器、手机	
笔记本、纸、笔	
零钱	

二、面试的技巧与方法

1. 面试的基本礼仪

（1）切忌迟到。迟到是面试的第一大忌。提前 10 ～ 15 分钟到达面试地点，既可以表示出求职的诚意，给对方以信任感，也可以调整下自己的心态，做一些简单的仪表准备，以免仓促上阵，手忙脚乱。

（2）调整心态。门关着时，应先敲门，得到允许后再进去。开关门的动作要轻，以从容、自然为好。见面时，要主动向面试官问好致意，称呼应当得体。在面试官没有请你坐下时，切勿急于落座。在面试官请你坐下时，应道声"谢谢"。

（3）认真聆听、积极作答。面试官给你介绍情况时要认真聆听，为了表示你已听懂并感兴趣，可以在适当的时候点头或合理提问、答话。回答面试官的问题时，口齿要清晰，音量要适当。提问、答话时，要简练、完整，尽量不要用简称、方言、土语和口头语，以免面试官听不懂。

（4）面带微笑、保持自信。脸上带着愉快轻松和真诚的微笑会使你处处受欢迎，因为微笑使你显得和气，而每个人都乐于与和气、快乐的人一起共事。你应该表现出热情，但要适度。

2. 面试中的语言表达技巧

面试场上的语言表达艺术可以体现出一个人的成熟程度和综合素养。对求职者来说，掌握语言表达技巧无疑是重要的，因此在面试中应恰当地运用语言表达技巧。

（1）吐字清晰，口齿流利，文雅得体。

（2）语气平和，语调恰当，音量适中。

（3）语言含蓄、机智、幽默。

（4）注意面试官的反应。

3. 回答问题的技巧

（1）把握重点，简明扼要。面试时间有限，无关的话太多，不仅容易跑题，而且会将主题冲淡或漏掉。

（2）具体问题，具体对待。面试官提问是想了解求职者的一些具体情况，求职者切不可简单地以"是""否"作答。不讲原委、过于抽象的回答，往往不能给面试官留下良好的印象。

（3）把握重点，条理清晰。面试时，如果对面试官提出的问题一时摸不着头绪，以至于不知从何答起或难以理解对方问题的含义，就可要求面试官将问题复述一遍，并先谈自己对这一问题的理解，请教对方以确认自己的理解是否恰当。对于不太明确的问题，一定要问清楚，这样才会有的放矢，不致南辕北辙、答非所问。

（4）有主见。接待若干名求职者时，面试官会有乏味、枯燥之感。只有具有独到的个人见解的回答，才会引起面试官的兴趣和注意。

（5）切忌牵强附会、不懂装懂。面试时常常会遇到一些不懂的问题，有些求职者害怕说不懂会使自己在面试官心中留下不好的印象，便牵强附会、不懂装懂，这反而会引起面试官的反感。诚恳、坦率地承认自己的不足，反倒会赢得面试官的信任和好感。

面试交谈中难免会因紧张而出现失误。此时，切不可因一时失误而丧气。要记住，一次失误不等于面试的失败，重要的是战胜自己，不要轻易放弃机会。即使这次面试没有成功，也要分析原因、总结经验，以新的姿态迎接下一次面试。

面试交谈中应随时注意面试官的反应。面试官心不在焉表示他对你的这段话没有兴趣；面试官侧耳倾听，可能说明你声音太小，难以听清；面试官皱眉、摆头，可能说明你的语言有不当之处。根据面试官的这些反应，求职者应适当调整自己的语言、语气、语调、音量、修辞及陈述内容，才能取得理想的面试效果。

三、面试禁忌

在求职面试时，求职者一般会先介绍自己，再回答面试官的问题或问一些自己关心的问题。如果在回答面试官的问题或自己提问时不注意一些技巧与方法，就极有可能以失败告终。以下是几种不合适的乱开"金口"的表现。

1. 缺乏自信

有的求职者唯唯诺诺，眼神飘忽，或问一些很不专业的问题，将自己内心的胆怯暴露无遗。类似"你们要招几个人？"的问话是对自己的竞争力缺乏信心的表现。甚至有求职者会问："你们要不要女性？"女性也有竞争力，这样的问话也露出了怯意，缺乏自信。此时，面试官就可以顺水推舟，予以回绝。你若是陈词巧妙，打动面试官，会让其对你产生好感。

2. 开始就问待遇

有些求职者在面试一开始时，就对待遇问题紧抓不放，如"你们的待遇怎么样？""一个月能给我多少钱？""一个月休息几天？"等。这些问题不是不能问，而是要选择合适的时机问。因为此时面试官并不了解你，还不知道你的能力与水平能给单位创造多少价值，也没有决定要录用你。应在双方深入了解彼此后再讨论待遇问题。

3. 不恰当的反问

有些求职者没有面试经验，常常会对面试官的问题进行反问。例如，面试官问："你期望的工资是多少？"求职者心里没有底，便会反问："你们能给我多少？"这样的反问，很不礼貌，会引起面试官的不快。在面试前，求职者应该先在人才市场上了解一下所求职位当时的待遇大致是多少，做到心中有数。在面试过程中对待遇提出要求时不能太高，也不要过低。

四、应对笔试

在应聘的过程中，笔试也是一个很重要的环节。笔试是指用人单位以书面形式进行的一种考核，其主要目的是考查求职者是否具备招聘岗位所需的知识和技能。

1. 笔试的种类

（1）专业考试。对于一些专业性要求比较高的岗位，用人单位需要通过笔试的方式再次对求职者的专业水平进行重点考核。例如，外资企业招聘职员要考外语，医院招聘护士要考护理专业知识，工厂招聘食品检验员要考食品检验、化验知识等。

（2）心理测试。心理测试是因特殊职业对某些心理特征有一定的要求而对求职者进行的心理素质测试，主要考核求职者的态度、兴趣、动机、智力、个性等心理素质。用人单位一般会用事先编制好的标准化问卷对求职者进行考核，根据求职者完成的数量和质量来判定其心理水平或个性差异。有些用人单位还会对求职者进行智商测试，主要是考查求职者观察问题的能力、综合分析能力和思维反应能力。

（3）技能测试。技能测试主要是考核求职者能否熟练操作和使用招聘岗位所要使用的设备等方面的能力。

2. 笔试前的准备

（1）知识准备。中职生在校期间应努力学习，掌握尽可能多的专业知识和技能，不能指望"临时抱佛脚"，靠猜题押宝取胜。中职生应注意积累多方面的知识，多了解社会新技术、新信息，了解专业行情和所求岗位应具备的知识。

（2）保持良好的心理状态。虽然求职笔试不同于高考，但它是用人单位挑选人才的重要参考。参加笔试，需要具备良好的心理素质。临考时，要树立信心，调整好心理状态，保持充足的睡眠和良好的情绪，以便有充沛的精力参加考试。

3. 应对笔试的方法和技巧

（1）增强自信心。缺乏自信心往往会导致求职者笔试怯场。笔试时，放松心情，克服自卑心理，增强自信心，调整出最好的精神状态，更易取得好成绩。

（2）掌握答卷技巧。要合理安排答题时间，拿到考卷后先浏览题目，了解题目数量和难易程度，以掌握答题的速度和顺序。审题要认真，注意不偏题、不漏题。认真填写答题卡，以免填错位置。参加特殊岗位的笔试时要按特殊要求答题。例如，对于一些需要细致、严谨作风的岗位，用人单位会重点关注求职者是否具有细致、严谨的作风；对于要求具备创新意识的岗位，用人单位关注的则是求职者的创新意识和开拓意识。如果遇到这种情况，求职者在深思熟虑后可大胆答题。

某知名企业发出招聘经理秘书的消息后，求职信和求职简历雪片般飞来。该经理对性别、相貌，甚至外语水平都没有特别的要求，只要求求职者是个能够令人信赖的人，无论做人还是做事。

在对求职材料进行初步筛选后，企业通知了15位候选人来面试。面试约定在上午10点进行。其实在面试前还安排了笔试，但企业在电话中只通知候选人有笔试，并没有提醒他们自己带笔。笔试也没有设监考人员，由候选人自行答题。

结果，5位没有带笔的候选人首先被淘汰。企业在笔试考场入口处准备了签到表，需要候选人写上自己的名字和到达的时间。而旁边仍然无人监督。结果，3人因写了与实际情况不符的到达时间而被淘汰，2人因迟到而被淘汰，还有2人因在考试期间跟外界通电话而被淘汰。考官仔细阅读余下3人的试卷和求职材料后，发现一人试卷答得不错，但卷面不够干净；一人试卷答得不理想，但带来的作品不错；最后一人试卷答得中规中矩，字体俊秀，虽然没有带来以前发表的作品，但写的答案十分有条理。

最终企业选择了最后的那个候选人。事实证明企业没有选错人，他的工作得到了经理的好评。

 笔试考查的不仅仅是你对专业知识的掌握程度，更多的是你在日常生活中养成的良好习惯，而这些良好习惯会成为你成功就业的法宝。

 学以致用

模拟面试

步骤一：将教室设计为面试间，由教师扮演面试官。
步骤二：面试官设置不同的岗位，并根据不同的岗位提问。
步骤三：面试官根据考生面试的表现评分。
步骤四：学生根据自己面试时的表现，总结不足，以便今后改正。

知识拓展

如何应对电话面试

随着科技的发展，求职途径越来越多元，越来越丰富。越来越多的公司采用电话面试、网络在线面试等全新的面试形式。所谓"未见其人，先闻其声"，学会打电话已成为每一个即将走向工作岗位的人应该具备的技能。

场景一：与用人单位的"初次会晤"

某人在招聘App上刷到了一个心仪职位，并在第一时间与用人单位电话联系："喂，请问是××公司吗？我看到了贵公司的招聘信息，想应聘……"没等她说完，对方就表示人力资源部负责人正在开会，且下班时间快到了，第二天会联系她。

这位求职者没有在合适的时间找到合适的人，主动致电变成了被动等候，是一次不太成功的电话求职。正确的电话求职应该注意以下几点。

（1）时间。求职者应在上午9点半至11点和下午1点半至4点半电话求职。

（2）负责人。招聘信息一般会注明负责人的信息，拨通电话后一定要准确地说出负责人的名字，避免转接或误接，防止给人留下不好的印象。

（3）保持通话的畅通。有的求职者尚未做好充足的准备，未选择安静、信号好的环境，便急急忙忙打给用人单位，结果因嘈杂的环境或信号中断而无法与对方顺利沟通。对此，求职者应引以为戒。

（4）逻辑清晰。在拨打电话前，要厘清自己的思路。将自己的个人情况准确无误地表达出来，才能给用人单位留下良好的印象。

场景二：应对用人单位的"突然袭击"

某人正在逛街时，突然接到某用人单位电话面试的请求。此时周围有商场背景音乐和人群的嘈杂声，对电话面试不利。于是该求职者非常礼貌地告诉对方："不好意思，我在外面，环境比较吵，能否过10分钟给您打回去？"对方应允，并留下了电话号码。

很多用人单位收到简历后，为节约时间，会先通过电话面试做初步筛选。用人单位会准备几个目的性较强的问题，用来核实求职者的背景，考查求职者的语言表达能力。通话时间一般在15～20分钟。不管有无电话面试环节，求职者都应做好充分准备，以便在突然接到用人单位的电话时能够顺畅对话。若接电话时正好有事或不方便，上面这位求职者的做法值得借鉴，同时可利用"时间差"来厘清思路。

此外，电话面试还应做好以下几点。

（1）在手边准备纸和笔。电话中，用人单位会说明一些重要信息，需要求职者用纸、笔记清楚。有时，用人单位会出一些小技术题或逻辑题请求职者回答，此时若手边有纸、笔则方便记录和计算。

（2）注意语速。人的语速有很大差别，求职者应尽量配合对方的语速。同时注意不要抢话，等对方提问完毕后再回答。另外，回答时要言简意赅，不要滔滔不绝，也不能只答"是"或"好"。

（3）控制语气语调。通话时要态度谦虚，语调温和，语言简洁，口齿清晰，在语气、态度方面也应该配合对方，这样有利于双方愉快地交流。

素养提升

志不强者智不达

志不强者智不达，即一个人若志向不坚定，其智慧就得不到充分的发挥。职场有大成就的人，多是意志坚定与勤奋的结合体。

高凤林参加航天工作后，领导分配给他的工作是为火箭焊接发动机。这不仅是一项难度大、要求高、技术精的活，而且需要人常常蜷缩在狭小的作业面上，飞溅的焊花还会烫伤手和脸。面对困难的工作和要求，高凤林毫不退缩："为自己的国家造火箭，哪怕掉皮掉肉也心甘。"然而，要焊好比头发丝还要细得多的焊点焊线，不是红嘴白牙吃豆腐那么容易，要"心到手到，稳不离丝"，要有高超的本领。这种本领从哪里来？志强生智慧，办法总比困难多。高凤林吃饭时拿筷子练送丝，喝水时端着满缸水练稳定性，休息时举着铁块练腕力、臂力，冒着高温观察铁水的流动规律……高凤林练就了一身绝活，焊火箭"心脏"的技术水平无人能敌。高凤林立志为国家火箭的研制做贡献，在这种坚定信念的驱动下，增长了工作的智慧。

事物的发生和发展有其规律性，而想在职场上增长智慧，首先要对所从事的职业充满热爱和坚定。缺乏这些热爱和坚定，不但会三天打鱼、两天晒网，而且面对困难时甚至不愿想解决办法。

我国杰出的经济学家王亚南在求学的时候，就立志研究经济学，成为一个博学多才、能为国家做贡献的人。为了实现这个目标，他想了很多办法。为了争取更多的时间读书，他把自己睡的木板床的一条腿锯短半尺，从此，他伏案夜读，天天如此，从未间断。老师问他："你怎么会想出这么个好主意，这不是跟'头悬梁''锥刺股'如出一辙吗？"王亚南笑笑说："时间不够用，就得想点子。"一次，他坐海轮时遇到风浪，船颠簸得厉害，没法学习。他竟也想出绝招，用绳子把自己捆在轮船的柱子上，照样看书学习。因为为国做贡献的意志十分坚定，他终于如愿以偿，成为经济学家。

你如果想摘到大树上的果子，就会想办法爬上树。王亚南就是以"摘果子"的志向生出智慧，实现人生目标的人。一个人的坚定志向，是促使其智慧开花、事业结果的力量。志向坚定，头脑就会如行云流水般动起来，解决问题的办法也会多起来，进而促成目标的实现。

坚定的意志犹如统帅，意志强，才能让人充分地增长智慧。如果没有坚强不屈的意志和坚韧不拔的毅力，即使有超人的智慧，也难以有所作为。

讨论：
1. 从这篇文章中，你获得了什么启发？
2. 结合文章，谈谈如何把自己的理想与为祖国做贡献联系起来。

第五篇

绝知此事要躬行
——就业指导

开篇思考

你现在的心情如何?
你一般会如何调整心态?

育人目标

1. 激发职业生涯发展的自主意识,树立正确的就业观,理性地规划未来的发展。

2. 提高就业能力和职业生涯管理能力,树立职业生涯发展的自主意识,培养终身职业技能学习意识,把个人发展和国家需要、社会发展相结合,愿意为个人发展和社会发展付出积极的努力。

第一课 胜似闲庭信步
——心理素质

至理名言

要想获得成功,应当以恒心为友,以经验为顾问,以耐心为兄弟,以希望为守护者。——爱默生

博观而约取,厚积而薄发。——苏轼

看图悟道

取经压力太大，不但妖怪众多，而且竞争激烈。大师兄武艺高强，沙师弟勤劳勇敢，就连白龙马也是出身名门！

如果你是唐僧，你会跟猪八戒说些什么？

_____

_____

就业是人生道路的一次重要选择，每一位面临毕业的学生都希望找到一份适合自己且能展现才华的好工作。有的毕业生因期望高、经验不足而产生巨大心理压力，特别是遇到困难和挫折后容易一蹶不振，从此对就业失去信心。因此，学会合理定位、保持良好的就业心态，对毕业生来说尤为重要。

一、求职过程中容易出现的心理障碍

求职是谋生的手段，是自食其力的开始。对毕业生而言，求职是一种机遇，能得到一份理想的工作，可以改变生活，实现自己的人生梦想；求职也是一种挑战，是在激烈的竞争中对个人能力、意志、心理素质的锻炼和检验。

微课

求职过程中
容易出现的
心理障碍

1. 焦虑

焦虑是一种由内心紧张、心理冲突引起的复杂的情绪反应。毕业生在求职过程中，出现焦虑心理的主要原因是理想与现实有差距。在求职过程中可能遇到的现实就业形势比预计的严峻，工作环境比想象的差，工作难度比预计的大，在工作中发挥不了自己的专长等情形，都易使毕业生出现紧张、烦躁、心神不定、忧心忡忡等心理，甚至会患上神经衰弱。

2. 急躁

毕业生都希望尽早确定去向，所以看到其他同学已确定就业单位而自己还在苦苦求职时，心里就会急躁不安。离校前夕，这种急躁心理会更加明显。有的毕业生会因此而无法

安心做好毕业考试复习；有的毕业生会因此而常为小事发脾气；有的毕业生会因此而随便找一个单位，以致工作一两个月后就想跳槽。

3. 自卑

自卑是个体由于生理或心理的某些缺陷及其他原因而产生的不自信和轻视自己的心理，认为自己在某些方面不如他人。产生自卑心理的主要原因有自我认识不足，期望值过低，第一次就业受挫，个人条件不足（身高、相貌、沟通能力、社会关系等方面较弱），性格内向等。毕业生的自卑心理会造成就业信心不足、就业不积极、面试成功率不高的结果，而屡次求职失败后会更加自卑。

4. 妒忌

渴望成功、想超越别人，这本是正常的想法，但是有些人在短期无法成功或无法超越别人的时候，会产生一种由羞愧、愤怒、怨恨等构成的复杂情感，这就是妒忌。引起这种心理的主要原因包括：水平相当的好友找到了理想工作；同学就业顺利而自己受挫；知识水平相当或不如自己努力的人求职成功；等等。妒忌心理有时会导致妒忌行为，如中伤他人，诋毁别人，想方设法贬低、讽刺、挖苦别人等现象。妒忌是一种有害心理，毕业生应该尽快克服并摆脱。

5. 恐惧、怯懦

恐惧主要源于害怕失败的心理。有的毕业生遭遇一次求职挫折后，就会产生恐惧，随之形成条件反射，一想到求职就害怕。怯懦是胆小的一种。有些毕业生会因为恐惧、怯懦而在求职面试时面红耳赤，语无伦次，答非所问，将事先准备好的内容忘得一干二净。

6. 自负

自负与自卑相反。一部分毕业生会在求职时过高地评估自己，认为自己在所有方面都十分优秀，傲气十足。还有的毕业生会在求职时不切实际，挑三拣四，大事做不成，小事不愿做。这种心理常常会导致毕业生失去合适的就业机会。

> 小陈是某职业院校的学生，在校期间成绩在班上名列前茅。毕业求职时，他总认为自己比别人优秀，对用人单位挑三拣四。结果在许多同学都如愿找到工作后，他还在寻找"合适"的工作。一次他去面试，与面试官交谈时自我感觉良好。一番高谈阔论后，当对方问他能否胜任主管的工作时，他竟毫不谦虚地说："凭我的能力，肯定没问题。"结果他被用人单位毫不犹豫地拒之门外。

 小陈的失败是由典型的自负心理造成的。自负在心理学上指过高地估计个人的能力，从而失去自知之明。在这种心理的支配下，不少毕业生在求职择业过程中自以为是、自负自傲，自以为什么都懂、什么都会，夸夸其谈，结果给用人单位留下浮躁、不踏实、不谦虚的印象。

二、培养健康的求职心理素质

1. 建立自信

自信是求职成功的心理基石，是推荐自我的动力。想建立自信，第一，要正确认识自己，多看自己的长处和优势，不要因为学历不如人而产生自卑，不要因为自身的素质和就业竞争能力评价太低而不敢主动推销自己、不敢参与竞争、陷入不战自败的困境之中；

第二，不要把求职看得过于神秘，应主动了解就业形势，认真学习就业技巧，总结经验，及时改正错误行为；第三，多参加活动，在活动中积极展现个人风采，增强自信心；第四，求职前做好充分准备，面试时通过心理暗示消除紧张。

▶ 文化贴士 ▶　　　　　　　　　　　　　　　　　　　◀◀◀◀◀◀◀

　　小泽征尔是世界著名的交响乐指挥家。在一次世界优秀指挥家大赛的决赛中，他按照评委会给的乐谱指挥演奏时，敏锐地发现了不和谐的声音。起初，他以为是乐队演奏出了问题，就停下来重新指挥，但还是不对。他觉得是乐谱有问题。

　　这时，在场的作曲家和评委坚持说乐谱没有问题，是他错了。面对巨大的压力，他思考再三，最后斩钉截铁地大声说："不！一定是乐谱错了！"话音刚落，评委席上的评委们立即站起来，报以热烈的掌声，祝贺他大赛夺魁。

　　原来，这是评委们精心设计的"圈套"，以此来检验指挥家在发现乐谱错误并遭到来自权威人士的"否定"的情况下，能否坚持自己的主张。前两位参加决赛的指挥家虽然也发现了错误，但因随声附和权威人士们的意见而被淘汰。小泽征尔却保持自信而摘取了世界指挥家大赛的桂冠。

2. 合理定位

　　毕业生在求职前一定要全面认识自己，正确评估自己的能力，及时了解当前的就业形势和本专业的就业行情，认真进行职业生涯规划，特别是在求职和就业初期的规划；树立正确的就业观，不要有过高的期望，也不要把薪酬是否丰厚、是否在大城市工作等物质条件看得过重。在合理定位的同时，应着眼于锻炼自我，着眼于未来发展，积极地就业。

　　一个年轻人对自己迟迟不被重用感到很不解，就去拜访了一位很有名的经理，请他指点迷津。经理问年轻人："你在工作上对自己是如何定位的？"

　　"我父亲告诉我，做人不能太露锋芒。我认为很有道理，所以在公司里我处处忍让。"年轻人说。

　　听了他的话，经理没有说话，领着年轻人坐上快艇，然后发动小油门慢慢前行。和他们同时启动的一艘快艇已经不见踪影。晚于他们启动的大游船也很快超过了他们。就连双人小木舟也划到了他们前面……

　　一艘大游船赶了上来，船主对他们说："你们的快艇连个小木舟都不如，报废吧。"

　　经理扭头笑问年轻人："你说我们的快艇究竟如何？"

　　"他们不知你没开足马力。"年轻人答道。

　　"是啊，其实人又何尝不是这样呢？你再有才华，不显露，别人也不知道，怎么会看重你呢？即使你的能力有人知道，但见你畏畏缩缩，人家也不敢重用你吧？如此，你又怎能快速到达理想的彼岸呢？"

　　年轻人听了，幡然醒悟，开始在工作中积极表现自己，很快就被提升为部门经理。

　　快艇的优势就在于速度快，如果连速度都要掩饰起来，那它存在的意义是什么呢？在工作中我们不可定位过高，但也不可定位过低，只有合理的定位才能使自己的能力在工作中得到充分展现。

张文举从小便树立了当作家的理想。为此，他坚持每天写作500字，十年如一日地努力着。遗憾的是，虽经多年努力，但他的文字从来没有变成过铅字，甚至连一封退稿信也没有收到过。29岁那年，张文举总算收到一封退稿信。那是一位他多年来一直坚持投稿的刊物的总编寄来的。信里写道："你是一个很努力的青年，但你的知识面过于狭窄，生活经历也过于苍白……不过，从你多年的来稿中，我发现，你的钢笔字越来越出色……"

这封信让张文举醍醐灌顶，将他从死胡同里拉了出来。之后，张文举放弃写作，勤练书法，终成著名的硬笔书法家。

3. 克服怯懦，消除紧张

怯懦和紧张能直接影响求职中的面试表现。用人单位组织面试不仅是为了了解求职者的知识、人品，还想通过面对面的交谈测试求职者的应变能力、沟通能力。由于怯懦和紧张，求职者往往会在面试中出现信心不足、举止拘束、语无伦次、答非所问等现象，使用人单位对自己的能力产生怀疑，从而导致自己失去就业机会。

克服怯懦、消除紧张的方法有以下三种。

（1）学会自我调整。求职者不要把面试看得过于神秘、可怕，不要计较别人对自己的看法和评论。

（2）加强自我训练。面试前，求职者可请老师和同学充当面试官，进行模拟面试，以训练胆量，掌握面试技巧。求职者平时要注意扩大知识面，积极参加各种活动，多与他人交往，以提高沟通能力。

（3）注意临场心理调适。参加面试时，求职者要提前10～15分钟到达考场，以便有足够的时间稳定情绪。此外，求职者还可以用深呼吸法调整紧张情绪，用激励法调适羞怯心理，并不断暗示自己"我一定能行"。进入面试考场时，不必惊慌，要主动微笑问好。在面试过程中要听清问题，冷静思考，认真回答。

山顶上，狼吃了一只羊，恰好被狐狸看见了。狐狸扯开嗓子大喊起来。它本来要喊的是"羊被狼吃了"，但喊成了"狼被羊吃了！"风儿把狐狸的话吹遍了山林。

羊群听到喊声，精神大振。它们说："不知哪位同胞给我们羊出了气、争了光，看来狼并不可怕！我们还等什么？冲上去，找狼算总账！"羊群潮水般地向狼群发起了攻击。

同时，狼群也听到了狐狸的喊声。它们一起愣住了："这是真的吗？如果是真的，那也太可怕了！如果不是真的，那狐狸为什么说得如此肯定呢？"

就在它们六神无主的时候，红了眼的羊群冲到它们跟前。狼群惊慌失措，四处奔逃。

山林中奇特的现象很快就结束了，羊和狼后来也知道了真相。它们分别谈了自己的感想。

羊说："胜利的消息无疑会激发斗志，即使这个消息并不确切。否则，我们怎么敢向狼发动攻击并取得胜利呢？"

狼说："我们过于相信自己的耳朵。否则，我们怎么会蒙受如此奇耻大辱呢？"

 成败与信念是否坚定有关。所谓"两军相遇勇者胜"，当己弱敌强或形势迷离多变时，"相信自己能赢"往往是创造成功乃至奇迹的关键。

三、调整角色，适应社会

毕业生完成学业，跨出校门，迈向社会，走上工作岗位，是其人生道路上的一个重要转折。如何顺利完成角色转换，是所有毕业生必须面对的问题。

刚刚迈入社会的毕业生，告别了单纯、宁静的校园生活，面对角色转换，往往会出现许多不适，产生很多心理问题。导致这些心理问题的原因主要包括以下几个方面。

（1）无法接受理想与现实的差距。毕业生在迈入社会前，心里会充满对未来的憧憬，但走上工作岗位后，会发现现实与理想存在一定差距，如理想的职业与现实工作岗位不同、职业生涯规划与现实差异较大等。在这种情况下，毕业生易产生灰心丧气、情绪低落、焦虑不安等状态，还会失去进取心。

（2）难以承受、处理复杂的人际关系和独立生活的压力。有的毕业生刚刚走向社会，还无法马上脱离学生的身份，仍然在一定程度上依恋老师和家长的呵护。有的毕业生进入人际关系复杂的社会，在观察问题、分析问题、处理问题时，还是习惯从学生的心态和角色出发；在遇到困难和挫折时，会立即产生不满、委屈、失望等不良情绪，特别是性格内向的同学，如不及时调整就会产生焦虑、浮躁等心理不适。有些毕业生在异地就业，远离家人，一切生活要靠自己料理，如果独立生活能力不强，就会出现种种压力。在工作和生活条件艰苦、孤独寂寞、头痛脑热、受到挫折、周末假日空闲时，他们会更加思念家乡、思念父母，进而伤心落泪、情绪低落，甚至会打起退堂鼓。

> 小玲从职业院校毕业后，进入用人单位。在用人单位，她没有交到新朋友，常常觉得孤独。她遇到工作困难时，既不知道如何寻找解决的途径，也不知道该向谁请教，时常觉得无所适从。加上异地就业，需要处理生活中的很多琐碎事务，小玲的心理压力越来越大，给家人打电话的时候，也常常流露出委屈、失望的情绪。她不禁想："要是能永远待在校园里，做一个学生就好了！"

小玲的这种情况很有代表性。从学生到职场人的角色转换让许多毕业生感到不知所措，产生逃避心理。这是很正常的，也是很常见的。要更好、更快地适应社会，中职生在校期间应适时地参加一些训练，为未来走上工作岗位打好坚实的基础，调整好自己的心态，对自己有一个正确的角色定位。

（3）无法摆脱学生思维。毕业生在学校接受的多是健康、正面的教育，对社会多抱有美好的期待，一旦置身于社会之中，对一些不良现象和社会消极面产生困惑、疑问时，就难以快速调整出良好的工作状态。有的毕业生自认为接受过系统的专业学习，把工作理论化、理想化，发现用人单位的某些不足或有的工作程序与理论相悖时，就会无法理解、无法适应，从而会产生怀疑知识、怀疑用人单位管理能力等矛盾心理。

对于这些心理问题，毕业生应有正确的认知，并尽快调整好自己的状态，以更好地适应社会。

1. 立足岗位，树立新角色意识

毕业生步入社会，想做好角色转换、适应社会，首先要做的就是立足岗位，树立新角色意识。新角色意识的具体内容主要有独立意识、责任意识和团队协作意识。

2. 经受考验，安心工作

毕业生步入社会，走上工作岗位后，身心都要接受锤炼。毕业生在校期间过的是教室、

食堂、宿舍"三点一线"的生活，工作后就需要适应用人单位的工作节奏和时间安排。从时间上说，毕业生在校时每天只需花 6 小时上课，其余时间由自己支配，但上班时间多在八个小时及以上，因此，精力和耐力都要经受考验；从体力上讲，上课是坐着，体力消耗较少，而工作就不同了，身体也要经受考验。另外，毕业生工作后成为"职场人"而不再是"学生"，在行为、语言、交往等方面都要负应有的责任，所以还应经受身份改变的考验。诸如此类的问题都需要毕业生很好地去面对。

那么，毕业生如何才能经受住考验呢？第一，要摒弃依赖思想，改"学生"角色为"职场人"角色，尽快独立生活、独立思考和处理问题；第二，应克服困难，以积极心态投入工作，因为工作态度很关键，能直接影响一个人的行为，有畏惧心理就无法战胜困难；第三，要安心工作，在工作中寻求乐趣。有些毕业生总是"人在曹营心在汉""一山望着一山高"，不安心工作，频频"跳槽"，这样既严重影响工作，又影响职业生涯的发展。

3. 从零开始，虚心学习

一个人在学校里学到的知识毕竟是有限的，大部分知识和能力还要在工作实践中获得。毕业生尽管在学校学到了一定的知识和技能，但知识结构往往是不完善的，到了工作单位还应虚心地向工作多年、具有丰富经验的领导和同事学习，多请教、多观察、多积累，做一个好学的人。学习应永不止步，特别是在知识经济时代，科技更新速度加快，竞争激烈，我们要处处学、时时学，做一个有心之人。

> 从某职业院校文秘专业毕业的小范到一家单位应聘文员。由于该单位人手紧缺，毕业前夕她便上岗了。她被分在人事处，这对她来讲是个完全陌生的部门。小范觉得自己一点工作经验都没有，压力很大。她来到人事处后，领导对她很关心，不仅在业务上手把手地教她，也在生活上给了她不少帮助。同事对她很友善，大家相处得和睦融洽，工作起来也轻松愉快。20 多天的工作经历，让小范感受最深的就是学生角色和职场人角色的不同。以前在学校，她努力读书、学习，很少注意与人相处中的细小问题。工作后则不同，如果不注意礼节，她的言行就可能会引起他人的误解。小范说，在社会中，自己要学的还有很多。

工作中有许多需要注意的地方，所以当我们走上工作岗位后，要注意细节，从零开始，虚心学习。

 学以致用

就业心理问题的解决

小王曾是某职业院校机电一体化专业的学生，在校期间，成绩优异，毕业后经学校推荐进入某工厂工作。工作时他发现，自己身边优秀的人有很多，便开始自卑起来，总是怕自己出错，甚至产生了失眠、焦虑的情况。想一想，你该对他说些什么？

步骤一：认真分析小王产生自卑情绪的原因。

步骤二：如果你是小王的好朋友，你该如何帮助他？把你的想法写下来。

步骤三：反观一下自己，你最近的情绪如何，并写下来。如果情绪有些低落，尝试用学过的知识为自己做心理调适。

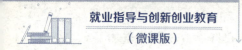

知识拓展

不良择业心态的调适

择业是人生的一次重要选择，选择职业就是选择未来。毕业生应正确认识自己、认识社会，积极参与社会竞争，正确对待求职挫折，走出各种心理误区，保持良好的心态，为求职择业打下良好的基础。

1. 正视社会现实，更新就业观念

毕业生择业难与其陈旧的就业观念有关。社会的变迁、就业环境的变化，要求毕业生必须正视社会现实，更新就业观念，从陈旧的条条框框中解放出来。

（1）随着我国就业制度改革的深入，随着"双向选择，自主择业"的就业新体制的确立，毕业生走向市场，实行公开、平等竞争就业，已成为历史发展的必然，如果仍然坐等学校分配，希望"吃稳定饭""一次就业定终身"，是不现实的。毕业生必须积极主动地参与市场竞争，树立"让社会选择自己，让自己适应社会"的新观念。

（2）要树立"职业无贵贱、行行可成才"和为大众服务的意识。毕业生的眼光不能只放在国有大中型企业、行政事业单位上，而应看到乡镇企业、个体私营企业、社区和农村等更广阔的就业空间。职业院校毕业生多在十八九岁时毕业，有活力，学习能力强，有工作热情，应成为各行各业的新生力量。

2. 树立竞争意识，增强自信心，积极主动地参与市场竞争

就业制度的改革要求毕业生走向社会，走入市场，参与竞争。毕业生要强化自主意识，对自己充满信心，有朝气和锐气，敢想、敢说、敢干，在竞争的激流中奋力拼搏，驶向成功的彼岸。

3. 客观评价自己，准确自我定位，找到最佳的职业岗位

"知己知彼，百战不殆"，这是中国著名的战略思想。对于择业，它同样是一条重要原则。职业院校的目标是培养具有一定文化水平和专业知识技能的应用型人才。每个毕业生都应该有一个适当的自我定位，客观地评价自己、认识自己，带着良好的心态去实现自己的职业理想，避免盲目和减少失败，为自己找到最佳的职业岗位。

4. 练就过硬技能，不断学习，增强自身实力

据报道，上海、深圳等地都曾出现高薪招聘高级技工但良才难觅的情况。这说明当前职业院校毕业生的技能水平和操作能力并不能完全满足市场需求。因此，毕业生除了要努力学习和掌握本专业的知识与技术，还要利用各种学习机会，主动扩大自己的知识面，为自己充电，努力提高自身的综合素质，以适应未来工作岗位和自身发展的需要。这也是现代社会对提高从业人员的整体素质的要求。

5. 学习必要的择业技巧，树立自我推销的公关意识

职业院校毕业生因年龄较小又无社会经验，在求职过程中遇到的困难较多。其中，必要的择业技巧和自我推销能力的缺乏，是影响求职成功的重要原因之一。因此，每个毕业生都要掌握一定的择业技巧，树立自我推销的公关意识。

6. 保持良好择业心态，增强抗挫折能力

毕业生在求职过程中难免会遭受挫折和失败。为了在竞争激烈的社会中经受住挫折的打

击，依旧保持进取的状态，毕业生需要保持良好的择业心态，增强抗挫折能力。切记，在挫折面前，"只要你勇敢地朝前迈出一步，命运就会从此出现巨大的转机"。

第二课　无规矩不成方圆
——签订劳动合同

至理名言

生活只有在平淡无味的人看来才是空虚而平淡无味的。——车尔尼雪夫斯基
立志、工作、成功，是人类活动的三大要素。——巴斯德

看图悟道

想一想，签订劳动合同时要注意哪些问题？

_____

_____

合同，又称契约，是指双方当事人为实现一定的目的，根据法律规定，变更或解除权利和义务关系的协议。

劳动合同是指劳动者与用人单位确立劳动关系、明确双方权利和义务的协议。建立劳动关系应当订立劳动合同。劳动合同按照不同的标准可划分为不同的种类：以合同目的为标准，可划分为聘用合同、录用合同、借调合同、停薪留职合同；按照有效期限，可划分为固定期限的合同、无固定期限的合同和以完成一定的工作为期限的合同；按劳动者人数，可划分为个人劳动合同、集体劳动合同等。

一、劳动合同的基本内容

劳动合同的内容，是指双方当事人在劳动合同中必须明确的各自的权利和义务及其他问题。劳动合同内容是劳动关系的实质，也是劳动合同成立和发生法律效力的核心问题。如果一份劳动合同缺乏实质性的权利和义务条款，或者明确的权利和义务条款含义不清、模糊混乱，这份劳动合同就没有意义。

劳动合同的内容，可以分为法定条款和协商条款两部分，前者是指劳动合同必须具备的由法律、法规直接规定的内容；后者是指无须由法律、法规直接规定，而由双方当事人自愿协商确定的内容。

二、劳动合同订立的原则

订立劳动合同时应当遵循以下原则。

1. 合法、公平原则

劳动合同的订立必须遵守《宪法》和各种法律、法规，不得违反。劳动合同的内容应公平合理，不得含有显失公平的合同条款。

2. 平等自愿、协商一致原则

平等自愿、协商一致是指签订合同的双方当事人，在协商、签订劳动合同的过程中地位是平等的，任何一方不得将自己的意愿强加于对方，不得用强制、胁迫或第三者非法干预等手段，要求对方签订不平等的劳动合同。

3. 诚实信用原则

在签订劳动合同的过程中，双方应以诚实的态度协商、签订，不可隐瞒、欺骗、伪造事实，否则签订的劳动合同无效。签订劳动合同后，双方应自觉遵守合同条款，认真履职。

三、劳动合同应当具备的条款

根据《劳动合同法》第十七条规定，劳动合同应当具备以下条款：

（一）用人单位的名称、住所和法定代表人或者主要负责人；

（二）劳动者的姓名、住址和居民身份证或者其他有效身份证件号码；

（三）劳动合同期限；

（四）工作内容和工作地点；

（五）工作时间和休息休假；

（六）劳动报酬；

（七）社会保险；

（八）劳动保护、劳动条件和职业危害防护；

（九）法律、法规规定应当纳入劳动合同的其他事项。

劳动合同除前款规定的必备条款外，用人单位与劳动者可以约定试用期、培训、保守秘密、补充保险和福利待遇等其他事项。

四、签订和保管劳动合同的注意事项

1. 及时与用人单位签订劳动合同

就业协议是毕业生用来与用人单位确立就业关系的法律依据，其效用与劳动合同的效用不能等同。因此，毕业生到用人单位工作，应与用人单位建立劳动关系，即从工作开始就应签订劳动合同。根据《劳动合同法》第十条的规定，已建立劳动关系，未同时订立书面劳动合同的劳动者与用人单位，应当自用工之日起一个月内订立书面劳动合同。《劳动合同法》第十四条规定，用人单位自用工之日起满一年不与劳动者订立书面劳动合同的，视为用人单位与劳动者已订立无固定期限劳动合同。《劳动合同法》第八十二条规定，用人单位自用工之日起超过一个月不满一年未与劳动者订立书面劳动合同的，应当向劳动者每月支付二倍的工资。

2. 明确劳动合同的必备条款

毕业生应学习《劳动合同法》，并掌握相关规定。在订立劳动合同的过程中，毕业生应明确哪些是必备条款，哪些条款违反了法律、法规的规定。做到心中有数，才能保障自身的合法权益。

3. 保护自己的知情权、协商权

毕业生签订劳动合同的知情权是指毕业生有权了解合同内容、了解用人单位的规章制度，可以对条款中表述不清楚的地方提出疑问，对方应将其解释清楚。劳动关系属于民事关系，所以它也适用"有约定从约定，没约定从法定"的法律原则。订立劳动合同鼓励"约定"原则。既然是约定，双方就应平等协商。初入职场的毕业生不要有胆怯心理，对合同有异议时要提出，能接受的话就签订，否则就不要签，以免日后出现纠纷。

4. 依法确定试用期，明确违约补偿规定

毕业生要看清劳动合同中关于试用期的条款。《劳动合同法》第十九条规定，劳动合同期限三个月以上不满一年的，试用期不得超过一个月；劳动合同期限一年以上不满三年的，试用期不得超过二个月；三年以上固定期和无固定期限的劳动合同，试用期不得超过六个月。

劳动合同要明确双方违约时应承担的责任，以及违约赔偿金额等。根据《劳动合同法》规定，用人单位为劳动者提供专项培训费用，对其进行专业技术培训的，可以与该劳动者订立协议，约定服务期和违约赔偿费，赔偿金额不得高于培训费用。

　　职业院校毕业生陈某与某 IT 公司签订了劳动合同，合同期限为一年。该 IT 公司与陈某约定的试用期是六个月，试用期内的工资为 900 元且在试用期结束后一并支付，试用期满后的工资为 7000 元。陈某在该 IT 公司按照合同规定完成了六个月的试用期工作，之后该 IT 公司按照合同规定支付了试用期的全部工资。

　　该劳动合同有两处不合法的地方：一是试用期时间不合法；二是试用期工资不合法。所以，毕业生在签订劳动合同的时候，要仔细阅读其中的条款，以免自身权益受损。

5. 注意保管劳动合同

劳动合同文本由用人单位和劳动者各执一份，毕业生应妥善保管自己手中的那份劳动合同。用人单位提供的劳动合同文本未载明《劳动合同法》规定的劳动合同必备条款或者用人单位未将劳动合同文本交付劳动者的，由劳动行政部门责令改正；给劳动者造成损害的，应当承担赔偿责任。

 学以致用 ■

模拟劳动合同签订

步骤一：教师统筹安排，先把全班同学分为A、B两大组，再将A、B两大组分别细分为若干个小组。

步骤二：A组学生扮演用人单位，搜集一些不合《劳动合同法》规定的劳动合同；B组学生扮演求职者，指出劳动合同中不合法之处，保护自己的合法权益。

步骤三：教师评选出最强法律意识奖等，并做点评，提醒学生在签订劳动合同时应注意的问题。

知识拓展

无效劳动合同

无效劳动合同，是指不具有法律效力的劳动合同。《劳动合同法》第二十六条规定，下列劳动合同无效或者部分无效：

（一）以欺诈、胁迫的手段或者乘人之危，使对方在违背真实意思的情况下订立或者变更劳动合同的；

（二）用人单位免除自己的法定责任、排除劳动者权利的；

（三）违反法律、行政法规强制性规定的。

对劳动合同的无效或者部分无效有争议的，由劳动争议仲裁机构或者人民法院确认。

无效劳动合同，从订立之日起，就没有法律约束力，不受法律的保护。但这并不是说，所有的无效劳动合同，其全部条款都是无效的。有的劳动合同，只是部分条款无效，其余条款仍然有效。对于这类劳动合同，毕业生应当根据无效的程度和范围区别对待，不能一概否定。如果其无效部分的条款并不影响其余部分条款的效力，则其余部分仍应视为有效。例如，某劳动合同规定的工作岗位、工资、保险福利、争议处理等条款均符合国家法律法规的规定，仅工作时间条款违规。这种劳动合同就属于部分无效劳动合同，可按《劳动合同法》规定对工作时间条款进行修改，其余条款仍可继续执行。

小张从职业学校毕业后在某公司找到了一份工作，但是在与该公司签订合同时发现有一些条款不符合《劳动合同法》的规定，便不肯签约。公司威胁他说不签就办不了入职。小张犹豫片刻后，还是签了合同。

这样的合同就是无效合同。因为，此合同是用人单位以胁迫的手段，使小张在违背真实意愿的情况下订立的。

第三课 宝剑锋从磨砺出
——如何度过试用期

至理名言

一个人如果认为自己在一生中能干出一番不同寻常的大事，就比没有远大理想的可怜虫，有更多的成功的机会。——伯纳德·马拉默德

一次失败，只是证明我们成功的决心不够坚强。——博维

看图悟道

你认为如何才能安全、愉快地度过试用期？

_____

_____

初入职场的毕业生，都要先通过用人单位的试用期。试用期是用人单位和劳动者建立劳动关系后的一段互相了解和双向选择的时间。

同一用人单位与同一劳动者只能约定一次试用期。以完成一定工作任务为期限的劳动合同或者劳动合同期限不满三个月的，不得约定试用期。试用期包含在劳动合同期限内。劳动合同仅约定试用期的，试用期不成立，该期限为劳动合同期限。

《劳动合同法》第二十条规定："劳动者在试用期的工资不得低于本单位相同岗位最低档工资或者劳动合同约定工资的百分之八十，并不得低于用人单位所在地的最低工资标准。"

一、试用期的三个阶段

第一阶段：困难期。困难期一般是指毕业生上岗后的第 1～2 周。此时的毕业生刚刚进入一个新环境，由于对环境不熟悉、对同事感到陌生，会处处小心翼翼，心理压力特别大；加上业务不熟练，做事不能统筹兼顾，体力消耗会比较大；又要为衣食住行操心，休息时间也会变少。

大多数刚参加工作的人会有这样的经历——备受冷落，满腔抱负没有施展的机会，参与不了核心工作。此时的毕业生被安排的多是一些不重要的任务，每天的工作十分琐碎，所做的工作也不能让自己增强实力，似乎并无"出头之日"。

毕业生可不要小看这些小事。个人通过这些基础工作，能很好地了解用人单位的生产经营状况和客户。了解了这些，日后做复杂的工作时才能得心应手。企业通过这些基础工作，能筛选出人才。

第二阶段：疲惫期。疲惫期一般是指毕业生上岗后的第 3～4 周。毕业生此时需要学习的内容有很多，需要熟悉的内容也有很多，需要做的事更多。在这半个月的角色转换中，上岗后的身心疲惫，工作的劳累、生活的艰苦容易让毕业生打退堂鼓。

第三阶段：奋斗期。奋斗期是指毕业生参加工作后的第 2～6 个月。在此阶段的毕业生中，有对单调的工作程序感到厌烦的，有对艰苦环境忍受不了的，有感觉经济收入微薄的。由于坚持不下去，跳槽的毕业生较多。而真正能经受住考验的毕业生在各个方面开始进入正轨，用人单位也开始重视和培养他们。经受不住考验的毕业生离开用人单位后，又重新开始求职，重新开始当"新人"，重新开始经受三个阶段的考验。

二、试用期里常见的侵权行为与解决办法

1. 被要求签订试用期合同

（1）常见情况

有些用人单位将试用期排除在劳动合同期限外，单独设立试用期合同，其实质就是利用新人的心理弱势和对劳动法律知识的欠缺，达到随时解聘新人的目的，或在发生劳动争议时使新人无维权的凭据。

小李从小就有吃苦耐劳的精神，他明白刚毕业的学生要在基层锻炼。找工作时，他遇到了一家公司。该公司表示，公司历来都是先与应聘者签下为期三个月的试用期合同，再与考核合格的劳动者补签劳动合同。小李明知这种合同无法保障试用期新人的权益，但迫于就业压力，还是签下了。

结果他在工作中发现，这家公司拼命压榨试用期员工，不给缴纳任何保险。在签订试用期合同时，该公司还以需要总经理签字为由，取走了他单方面签字的两份合同，至今也没有退还一份。

两个月后，公司领导找到小李，说公司最近月月亏损，付不起太多人的工资，只好从新人开始减员，请小李理解，而且薪水也只能支付约定的 70%。

在这个案例中，用人单位就是利用了小李的心理弱势。小李明知这种合同无法保障试用期新人的权益，但迫于就业压力，只好抱着侥幸心理，签下了这份合同，以致不断被用人单位压榨，个人权利受到了侵犯。

（2）应对方法

①拒绝签订。如果毕业生求职的用人单位必须以试用期合同与劳动合同剥离开的形式让毕业生签约，毕业生可以拒绝签订。这种自以为是的用人单位也不值得毕业生入职。

②请求法律援助。如果毕业生已经签了试用期合同，毕业生就要时刻做好维权的准备。如果用人单位无理辞工或减薪，毕业生就可向当地劳动保障部门举报，请求法律援助。

2. 被延长试用期

（1）常见情况

有些用人单位认为让新人转正会给企业增加成本，便以对方工作能力尚未达标为由，单方面延长试用期。

> 小张毕业后与一家公司签订了为期五年的劳动合同，合同中约定试用期为三个月。在试用期里，小张出过几次小的差错，但对工作没有造成较大影响。该公司在小张试用期结束前通知小张，鉴于她工作中经常出现差错，需要进一步考查，公司决定将其试用期延长三个月。小张迫于生计，也没说什么。然而，让她想不到的是，六个月试用期结束后，公司竟以她在试用期里的表现不符合公司要求为由，要与她解除劳动合同。

在这个案例中，小张先是被告知延长试用期，继而又被告知解除劳动合同，这就是所谓的变相延长试用期。遇到这种情况时，我们要学会保护自己的合法权利。

（2）应对方法

①事先明确转正条件。为了尽量避免出现劳动纠纷，毕业生在面试时，就可问清楚试用期限、转正条件等，并要求将这些内容写入劳动合同。

②要求用人单位提供依据。如果毕业生的试用期满后，用人单位对毕业生的工作还不甚满意，要延长毕业生的试用期，毕业生就应该要求用人单位对不满意之处给出具体的依据（以劳动合同中规定的转正条件为准）。

③寻求法律援助。如果用人单位因为延长试用期而侵害了毕业生的权益，毕业生就应该依法向对方提出交涉。在交涉未果的情况下，毕业生就可以向当地劳动争议仲裁委员会申请劳动仲裁。如果毕业生对劳动仲裁的裁决不服，还可以向当地基层法院提起诉讼，请求法院撤销该仲裁裁决。

3. 没有"五险"

（1）常见情况

所谓"五险"，是指用人单位必须为劳动者缴纳的基本养老保险金、失业保险金、医疗保险金、工伤保险金和生育保险金。"五险"是劳动合同里不可或缺的条款。对劳动者来说，"五险"是用人单位必须给予的基本保障。然而，有些用人单位却以种种借口不给劳动者缴纳"五险"。

> 小黄从职业院校毕业后，顺利入职一家私营企业，领导承诺试用期满后与她签订劳动合同，再给她上"五险"。小黄并不了解劳动法的相关知识，就同意了。五个月后，小黄顺利转正了，领导却以各种理由迟迟不给小黄上"五险"，也不签订劳动合同。虽然工资照发，但小黄隐约觉得自己的合法权益遭到了侵犯。但她作为一个职场新人，实在没有勇气去找领导当面理论。她犯难了，她该怎么办呢？

在这个案例中，小黄所在的私营企业先用口头协议的方式同小黄约定，等她试用期满后再为她购买"五险"，结果却不兑现承诺。这是典型的违反《劳动合同法》的行为。

（2）应对方法

毕业生如果不知道"五险"的缴纳办法和分配比例，可以向劳动监察部门咨询。不给试用期的劳动者缴纳"五险"的行为属于严重侵害劳动者权益的行为。毕业生若遇到这种情况又与用人单位协商无果，就应尽快向当地劳动保障部门举报，请求法律援助。

4. 试用期许下"口头协议"

（1）常见情况

口头协议也叫口头合同，是指双方当事人以口头形式对合同内容达成一致的协议，无任何书面的或其他有形载体来表现合同内容。某些用人单位仅与求职者达成口头协议，以致求职者意识到自己的合法权益受到侵害时，因为没有证据而只能自认倒霉。

> 小杨毕业后，和一家物流公司暂时达成了"口头协议"：小杨在该公司试用3个月后，可一次性得到试用期工资，试用合格后再与公司签订劳动合同。迫于就业压力，小杨来到这家公司做文秘兼市场策划。为了转正，小杨几乎每天都最早来到办公室，给大家打完开水，再开始一天忙碌的工作。为了尽早熟悉业务，把工作做好，小杨起早贪黑，不辞辛苦。他的勤奋和好学得到了领导、同事的一致认可，小杨心里暗暗高兴。
>
> 但就在试用期即将结束时，公司负责人明确告诉小杨，鉴于他的工作表现未达到大家的预期，公司决定终止与他的口头协议，并说终止口头协议的责任在小杨，所以公司没有义务支付小杨两个多月的劳务费。

 案例中的小杨被用人单位的口头协议蒙骗而使权利受到了侵犯。

（2）应对方法

①签订劳动合同。求职时，求职者如果对用人单位的口头协议没有异议，就应要求用人单位将口头协议的内容写进劳动合同。要知道，用人单位不与劳动者签订劳动合同是违法的。

②寻求法律保护。如果求职者已经中了用人单位的"圈套"且一直得不到应有的待遇时，就应用法律武器来维护自己的权益。

 **学以致用**

维护合法权益

小王是某学校护理专业的学生，2022年毕业后进入一家诊所做护士。当时该诊所以毕业生缺乏经验为由，不与她签订劳动合同。入职后的小王无法享受正常员工的待遇，工资也只有700元。小王认真工作，从不请假，加班没有加班费也忍了，只希望尽快转正。半年后，诊所总算和她签订了劳动合同，可只签了半年。2023年6月底合同到期，诊所没有再和她续约。

步骤一：全班分成若干个小组，讨论处理方案。

步骤二：由教师挑选学生扮演用人单位的"刁难者"。

步骤三：每组派出一位代表，扮演小王，看看哪一组最能有理有据地维权。

步骤四：教师点评每组的表现，每组派出一名学生做关于本次活动的总结。

知识拓展

《劳动合同法》关于试用期内用人单位解除劳动合同的规定

1. 根据《劳动合同法》第二十一条的规定，在试用期中，除劳动者有本法第三十九条和第四十条第一项、第二项规定的情形外，用人单位不得解除劳动合同；用人单位在试用期解除劳动合同的，应当向劳动者说明理由。

2.《劳动合同法》第三十九条规定的情形包括：①劳动者在试用期间被证明不符合录用条件的；②劳动者严重违反用人单位的规章制度的；③劳动者严重失职、营私舞弊，给用人单位造成重大损害的；④劳动者同时与其他用人单位建立劳动关系，对完成本单位的工作任务造成严重影响，或者经用人单位提出，拒不改正的；⑤以欺诈、胁迫的手段或者乘人之危，使对方在违背真实意思的情况下订立或者变更劳动合同的；⑥用人单位免除自己的法定责任、排除劳动者权利的；⑦违反法律、行政法规强制性规定的；⑧劳动者被依法追究刑事责任的。

3.《劳动合同法》第四十条第一项、第二项规定的情形包括：①劳动者患病或者非因工负伤，在规定的医疗期满后不能从事原工作，也不能从事由用人单位另行安排的工作的；②劳动者不能胜任工作，经过培训或者调整工作岗位，仍不能胜任工作的。

素养提升

宋濂冒雪访师

宋濂，字景濂，金华潜溪（今浙江金华）人，是元末明初的著名学者。他数十年如一日地刻苦学习，在学术上做出了卓越贡献。他主修《元史》，还写了大量优美的散文。

宋濂从小就很聪明，又爱读书，经常向藏书的人家借书，抄写后再按期归还。由于他守信用，别人都愿意借书给他，使他能够遍览群书。20多岁后，宋濂读书更加勤奋了。由于没有合适的名师指点，他遇到问题后常常无法解决问题。为了解决心中的疑惑。他步行一百多里，向名师请教。他请教的这位名师是位大学者，对学生很严厉。宋濂在向他请教时，每次都十分恭敬地提出疑问，并弓着身子侧耳倾听。宋濂跟着这位老师学到了很多知识。

一次，宋濂出门访师时，遇上下大雪。但是他还是穿上草鞋，背上行李，踏着几尺深的积雪，顶着寒风出发了。等他好不容易赶到老师那里时，四肢都冻僵了，但他一点儿也不怕苦，坚持向老师请教。

宋濂由于家境贫苦，少年求学之时每日都是粗茶淡饭，穿着破旧棉衣。他的同学中有不少是富家子弟，穿着绫罗绸缎，满身珠光宝气，但他丝毫没有羡慕的意思，而是把全部心思都用在求学读书上。就这样，经过长期的刻苦努力，宋濂终于成了一位著名的学者。

梅兰芳拜师

京剧大师梅兰芳不仅在京剧艺术上有很高的造诣，还是丹青妙手。他拜当时名气不如自己的画家齐白石为师，总是虚心求教，执弟子之礼，经常为齐白石磨墨铺纸，并不因自己是著名演员而自傲。

有一次，齐白石和梅兰芳同到一户人家做客，齐白石先到。他布衣布鞋，与其他或西装革履或长袍马褂的宾客相比，显得有些寒酸。不久，梅兰芳到了，主人笑脸相迎，其余宾客也蜂拥而上，同他握手。梅兰芳知道齐白石也来赴宴，便四下寻找老师。忽然，他看到了被冷落在一旁的齐白石。梅兰芳挤出人群，向齐白石恭恭敬敬地叫了一声"老师"。在场的人见状很惊讶，齐白石深受感动，几天后特向梅兰芳馈赠《雪中送炭图》并题诗道：

记得前朝享太平，布衣尊贵动公卿。

如今沦落长安市，幸有梅郎识姓名。

梅兰芳不仅拜画家为师，也拜普通人为师。一次演出时，在众多喝彩叫好声中，梅兰芳听到有个老年观众说"不好"。他来不及卸装，就用专车把这位老人接到家中，恭恭敬敬地对老人说："说我不好的人，是我的老师。先生说我不好，必有高见，还请赐教。"老人指出："阎惜姣上楼和下楼的台步，按梨园规定，应是上七下八，博士为何八上八下？"梅兰芳恍然大悟，连声称谢。之后，梅兰芳经常请这位老人观看他演戏，并虚心向老人求教。

讨论：

1. 我们能从材料中的大师身上学到什么？

2. 结合本课内容，请你谈谈虚心学习在我们的职业生涯中有何重要影响。

第六篇

道在日新——创新培养

 开篇思考 ▼

要想创业，如何创新？

 育人目标 ▼

1. 了解创新意识、创新思维、创新型人才的相关内容，激发创新意识、创新思维，勇于突破、积极创新，力争成为创新型人才。

2. 了解国家创新驱动发展战略，增强自主创新能力，力争成为担当民族复兴大任的时代新人。

第一课　我思故我在
——创新思维

至理名言

思想和智慧是高尚的美德。——海塞

如果你要成功，你应该朝新的道路前进，不要跟随被踩烂了的成功之路。

——约翰·洛克菲勒

看图悟道

如果让你构思一个故事，就从上面这幅图开始，你会怎么构思？看到这幅图，你想到了什么？

_____

_____

一、思维

思维是人脑对客观事物间接的、概括的反映。思维能力是人的能力结构的核心，是一种十分重要的能力。在知识创新、科技创新中，思维能力能起到关键性作用。思维能力的高低，在一定程度上决定着一个人事业的成败，所以人们都十分重视对思维能力的培养。一个人的思维能力不仅取决于他的智力水平，还取决于他的思维方式，因此，中职生应当注重培养科学的思维方式。

思维具有独特的属性，主要表现在以下 4 个方面。

1. 概括性

思维的概括性是指人们根据同类事物共同的本质特征及事物之间的必然联系来反映客观事物。依据苹果、番茄、松树、桑树等植物的体内有维管组织、能产生种子且能用种子繁殖的基本特征而把它们称之为种子植物，就是一个根据事物共同的本质特征来概括事物的例子。

2. 间接性

思维的间接性是指人们借助一定的媒介和知识经验对客观事物进行间接认识，从而揭示事物的本质和规律。例如：医生通过望闻问切的手段，诊断出病人内部器官的病变；科学家根据"牛羊驴马不进圈，老鼠搬家往外逃，鸡飞上树猪拱圈，鸭不下水狗狂叫"等动物异常表现，做出地震预报。思维的这种通过事物的外部现象认识其内在、必然的规律性联系的能力，使人们不必去直接接触某些信息便可以成功地揭露出事物的本质。

3. 超出感性认识

思维是大脑对客观事物进行概括的心理反映过程。思维以感性认识为基础，对感性认识进行判断、推理后再通过分析、综合、比较和概括，达到理性认识。如果说感性认识是认识的初级阶段，那么理性认识就是认识的高级阶段。思维来源于感觉，又高于感觉。感官刺激并不会随着刺激源的消失而消失，而是会被大脑进行进一步的加工。因此，思维在实践活动的基础上由感性认识产生并远远超出感性认识。

> 有一天，著名气象学家和地球物理学家魏格纳在看世界地图时，注意到大西洋两岸的海岸线可以吻合在一起。这就引起了他的猜想：非洲大陆和南美洲大陆原来是连在一起的。随后他经过研究，提出了著名的大陆漂移学说。

 在科学研究中，人们是不能通过感觉来解释科学现象的，需要通过寻找规律，并对相同规律加以概括，来解释科学现象。

4. 超越现实

思维不仅可以通过归纳与概括掌握现实中事物的规律，还可以在已有的事物上，通过想象创造全新的、不存在的事物。思维从现实出发，能为人们指明前进的方向，是因为它可以超越时间、空间和具体客观事物而存在。其实，这也正是人类创造能力和创新能力的来源。

> 任何一项伟大的发明都不是凭空产生的，计算机的发明也是如此。人类寻求高速计算工具的努力，可以追溯到遥远的古代。从结绳记事到计算机的出现，人类用智慧超越了现实，获得了持续的发展。

 发明家可以通过想象，对已经存在的物品加以改进，从而发明出新的物品。发明能否成功的关键在于发明家的推断是否与现实相符。

二、创新思维

创新思维是人类创造力的核心和思维的高级形式，是人类思维活动中最积极、最活跃和最富有成果的一种思维形式。人类社会的进步与发展离不开知识的增长与发展，而知识的增长与发展又是创新思维的结果，所以，创新思维可充分体现人的主观能动性。

党的二十大指出：必须坚持科技是第一生产力、人才是第一资源、创新是第一动力，深入实施科教兴国战略、人才强国战略、创新驱动发展战略，开辟发展新领域新赛道，不断塑造发展新动能新优势。

创新不一定需要天赋，创新在于平日的积累。创新多是因为人们想找出能把事情做得更好的方法。

> 一家旅馆的生意一直不是很好，老板无计可施，只等着关门了事。后来，老板的一位朋友指着旅馆后面的一块空旷平地给他出了个主意。次日，旅馆贴出了一则广告："亲爱的顾客，您好！本旅馆后面有一块空地，专门用于让旅客种植纪念树。如果您有兴趣，不妨种下一棵树，本店会为您拍照留念，并在树上的木牌刻上您的名字和种植日期。您每次光临时，都可见证它的成长。本店只收取树苗费××元。"广告打出后，立即吸引了不少人前来种树，旅馆生意起死回生。

没过多久，旅馆后面树木葱郁，旅客漫步林中，十分惬意。那些种树的人更是念念不忘自己亲手所植的小树，经常专程来看望小树。一批旅客栽下了一批小树，这批小树不仅稳住了种树的旅客，还能吸引更多的旅客，旅馆自然生意兴隆。

商机无处不在，关键是你是否拥有创新思维。创新思维让这家旅馆绝处逢生。

如果说思维是人类的金字塔，那么创新思维则是金字塔的塔尖。掌握这种思维方式后，无论是在工作中还是在生活中，人们都能获得事半功倍的效果。

◀ 文化贴士 ▶

党的十八大以来，北斗系统建设步伐加快。据报道，北斗系统已在众多领域实现规模化应用。截至 2022 年 10 月，在交通领域，已有超过 790 万辆道路营运车辆安装使用北斗系统，4.7 万多艘船舶应用北斗系统；在农业领域，全国已安装北斗自动驾驶系统的农机超过 10 万台；在水利领域，北斗系统在超过 2587 处水库应用短报文通信服务水文监测；在大众应用方面，搭载国产北斗高精度定位芯片的共享单车投放已突破 500 万辆，2021 年国内智能手机出货量中支持北斗系统的已达 3.24 亿部。截至 2022 年 3 月，北斗高精度时空服务的每月调用次数已突破 1000 亿次。

三、思维定式

微课

思维定式

人们把常规思维的惯性称为"思维定式"，这是一种人人皆有的思维状态。人们形成一套稳定的思维定式后，再遇到问题时，就会不自觉地用思维定式来解决问题。

用思维定式处理常态问题时，似乎有某种"习惯成自然"的便利，所以不能否认它的积极作用。但是，当需要创新时，若仍受其约束，就不免会对创造力产生较大阻碍。

一艘远洋海轮不幸触礁，沉没在汪洋大海里。幸存下来的 9 名船员拼死登上了一座孤岛，但接下来的情形更加糟糕。岛上除了石头还是石头，没有任何可以充饥的东西。更要命的是，在烈日下，每个人都口渴得喉咙冒烟，但他们四周都是海水，而海水一般又苦又涩又咸，根本不能用来解渴。现在 9 个人唯一的生存希望是下雨或过往船只能发现他们。

然而一直都没有下雨的迹象，也没有一艘船经过这座寂静的岛。

8 名船员相继渴死，剩下的那位船员也快要渴死了。这时候，他实在受不了了，便扑进海水里，"咕嘟咕嘟"地喝了一肚子海水。他喝饱后，感觉这里的海水一点苦涩味也没有，反而清甜可口。他认为这是自己渴死前的幻觉，便静静地躺在岛上等死。

他醒来时，发现自己还活着。于是，靠喝这岛边的海水，他终于等来了救援的船只。

人们化验这里的海水后发现，由于岛边有地下泉水不断翻涌，所以，岛边的海水实际上是可口的泉水。

习以为常、耳熟能详的事物充斥在我们的生活中，会使我们逐渐失去对事物的热情和新鲜感。随着知识的积累、经验的丰富，我们易夸大知识、经验的作用。思维定式是人类超越自我的一大障碍。

思维定式是人脑习惯使用的一系列已被固化的概念、规则、理论和逻辑的抽象形式。人们在加工处理各类信息时，这些概念、规则、理论和逻辑就会自动地产生作用。思维定式的形成与环境、经历、个性、需求、价值取向、知识储备等诸多因素有关。思维定式一旦形成，就很难改变。

思维定式是创新的大敌。不打破思维定式，就不可能创新。因此，中职生要注重培养自己的发散思维、空间思维、数字思维、逆向思维、灵感思维等。这样有助于打破思维定式，有助于创新。

1. 发散思维

发散思维又称"辐射思维""放射思维""多向思维""扩散思维"或"求异思维"，是指人们从一个目标出发，沿着各种不同的途径思考、探求多种答案的思维方式，如一题多解、一物多用等。

一家著名网络公司的科研部门决定招收一名工作人员。前来应聘的人有几百个，经过层层考核，最终进入面试的是9个拥有本科学历的人和1名拥有中专学历的人。

面对如此诱人的职位，大家纷纷摩拳擦掌。然而公司只录取1人，这也让他们有些紧张。面试考的一定是很难的专业问题。几乎所有的人都这样想。

面试当天，10名面试者被一起叫进了经理办公室，考官都是公司的高层领导，连总经理也到场了。主考首先问了他们一些基本情况，然后转向正题，果然问了每人一个专业性问题，10名面试者均自我感觉良好，一个个露出了笑容。

突然，一直没有开口的总经理说话了："你们都非常优秀。我现在出最后一个题目。我这儿有几组数字，请说出它们之间的关系。第一组是'1，3，7，8'，第二组是'2，4，6'，第三组是'5，9'。"

10名面试者搜肠刮肚，套尽了所有的数学逻辑概念，始终没有发现这几组数字之间的特殊关系。15分钟过去了，待在最边上的中专生鼓起勇气说出了自己的答案："3组数字的声调有区别，分别读一声、四声、三声。"总经理和其他考官都赞许地点点头，那个中专生很快被录取了。

 数学思维固然重要，但能够灵活应变、具备发散思维、善于从多角度思考问题，更是一个优秀的员工应具有的素质。

2. 空间思维

所谓空间思维，是指人们通过视觉和感觉神经将记录下来的空间信息储存起来，对其进行一系列分析判断后再注入新信息，直至处置完成某事的思维过程。

完成一个空间思维可能需要零点几秒或几秒，也可能需要几分钟、十几分钟甚至几天、几个月、几年。其用时的长短由目标任务、客观因素、实施条件和驾驭空间思维的能力而定。

空间思维的过程可以是动态连续的，也可以是单独的或断续的；内容可以是一致的，也可以是不一致的；形式可以是单一的，也可以是多重并举的。空间思维可由一人完成，也可由多人共同完成或分组完成；可异地进行，也可多地同步进行。空间思维可任意开启和关闭，应用灵活自如。

3. 数字思维

所谓数字思维，就是人们在思考、处理问题时，运用带有规律的数字进行思考。数字思维是逻辑思维的一种。

看看下面的一组数字，根据它们的变化规律填出括号里的数字。

5 11 23 47（ ）

思考方向是如何从 5 得到 11，如何从 11 得到 23……按照这样的思路继续向下推，会发现每一项都是前一项的 2 倍再加 1，于是可算出括号内的数字为 95。你答对了吗？在对这道简单的题目进行思索的时候，我们便运用到了数字思维。

4．逆向思维

逆向思维是一种重要的思维方式。逆向思维也叫求异思维，是一种对司空见惯的似乎已成定论的事物或观点进行反向思考的思维方式。中职生应敢于反其道而"思"之，让思维向对立面的方向发展，从问题的反面深入地进行探索，树立新思想，创立新形象。

有四个相同的瓶子，怎样摆放才能使其中任意两个瓶口的距离都相等呢？可能我们琢磨了很久还没找到答案。那么，答案是什么呢？原来，把三个瓶子的瓶口放在一个正三棱锥下面的三个顶点上，将第四个瓶子倒过来放在正三棱锥的第四个顶点上，就可以了。把第四个瓶子倒过来是多么形象的逆向思维啊！

人们习惯沿着事物发展的正方向思考问题并寻求解决办法。对于某些问题，尤其是一些特殊问题，人们从结论往回推，倒过来思考，或许会使问题简单化，使问题的解决变得轻而易举，甚至还会创造出奇迹，这就是逆向思维的魅力。

5．灵感思维

灵感思维是指人们在科学研究、科学创造、产品开发或问题解决的过程中突然涌现在脑海的，能使问题得到解决的思维过程。灵感是新东西，即过去从未有过的新思想、新念头、新主意、新方案、新答案。灵感思维的出现是以长期的努力付出为前提和基础的。灵感思维有偶然性、突发性、创造性等特点。

据说有一次，希罗王让金匠制造了一顶纯金的王冠。但是，他总是怀疑金匠偷了他的金子，在王冠中掺了银。于是，他请阿基米德来鉴定，条件是不许弄坏王冠。当时，人们并不知道不同的物质有不同的密度，阿基米德苦思冥想了好多天，也没有好的办法。有一天，他去洗澡，刚躺进盛满温水的浴盆，水便溢了出来，而他也感到自己的身体在微微上浮。他忽然想到，相同质量的物体，由于体积不同，排出的水量也会不同……他立刻从浴盆里跳了出来。他把王冠放到盛满水的盆中，测量溢出的水量，又把同样质量的纯金放到盛满水的盆中，此时溢出的水比刚才溢出的少。于是，他认定金匠在王冠中掺了其他物质。由此，阿基米德发现了浮力原理，并在著作《论浮体》中记载了这个原理。其被后人称为阿基米德原理。

一次洗澡的经历给阿基米德带来了灵感，帮助他解决了难题。灵感在一定意义上也是一种直觉。灵感具有突发性，多在环境转换、状态变化时产生。

在处理日常事务和一般性问题的时候，思维定式能够让人驾轻就熟、得心应手。但由于思维定式中被固化的概念不一定都正确，被固化的规则不一定都适用，被固化的理论可能有偏差，被固化的逻辑可能不严密等，因此当遇到不一样的问题时，思维定式就有可能产生负面效应，将人们引入歧途。走出思维定式，人们就可以看到许多别样的风景，甚至可以创造奇迹。这样的例子不胜枚举。飞机的发明、雷达的发明、万有引力的发现，都是人们从自然现象中打破原来的思维定式得到的灵感。

 **学以致用**

创新思维的训练

一天，唐僧师徒一行要过一条大河，周围没有船，也没有过河的桥。于是唐僧派孙悟空去打探过河的办法，其他人原地休息。休息的时候唐僧说："趁着休息，为师考考你们的思维能力。"猪八戒和沙僧立刻响应。唐僧让猪八戒去附近人家借来六只碗，排成一排，往前三只碗里注入河水，后三只碗空着。两个徒弟很纳闷，不知道师父要干什么。唐僧看出了他们的心思，说："现在，你们要想办法移动一只碗，把盛满水的碗和空碗间隔起来，形成满、空、满、空、满、空的格局。"

猪八戒和沙僧眉头紧锁，百思不得其解。这时孙悟空回来了，只看了一眼便想到了办法。

步骤一：按上述材料准备好道具。

步骤二：全班分成四组，每组各派一名代表进行解题演示，一名计时员为其他任意一组计时（不得为本组计时）。

步骤三：看哪组完成解题演示所用的时间最短，并请各组代表说明自己运用的是哪种思维方式。

步骤四：学生课后搜集一些有利于训练创新思维的题目，与其他同学交流，提高自己的创新思维能力。

知识拓展

培养科学的思维方式

科学思维方式不是一朝一夕养成的，更不可能靠顿悟而得到。急于求成不仅不会帮助人们提高解决问题的能力，反而会使人们误入歧途，影响结果。中职生要想掌握正确的思维方法，除了要了解思维的特性，还必须注重对科学思维方式的培养。

1. 加强对马克思主义哲学的学习

理性思维是一种科学的思维方式。哲学能为人们提供解决问题的方法、启迪智慧。我们经过教育，已经具备了一定的理性思维能力。但是，要提高理性思维能力、培养科学的思维方式，我们必须加强对马克思主义哲学的学习。马克思主义哲学是关于自然、社会和思维发展的一般规律的科学。马克思主义哲学作为科学的世界观和方法论，揭示了自然界、人类社会发展的一般规律，是人们认识世界、改造世界的思想武器。可见，提高马克思主义哲学素养，对于提高我们的理性思维能力、培养科学的思维方式是至关重要的。

2. 积累丰富的科学文化知识和有益的实践经验

"巧妇难为无米之炊。"一个人即使掌握了较好的思维方式，但缺乏丰富的科学文化知识和有益的实践经验作为思维的基础，也不可能有科学的思维成果和找出有效解决问题的办法。"知识就是力量""科技就是生产力"，充分地说明了一个人掌握的知识越丰富，科技成果和实践经验越多，他的思路就会越开阔，思维成果就会越多。例如，文学知识可以帮助人们在思考的过程中准确地理解语言文字精髓；历史知识可以给人们有益的借鉴，还能让人们认识人类、社会、自然发展的轨迹和规律；逻辑学知识可以让人掌握思维的规律和方法，为人们奠定科学思维的基础；现代网络知识能让人在思考的过程中更多地获取信息等。因此，我们要努力学习、发奋读书，尽可能多地积累科学文化知识和实践经验，充实自己的知识库。

3. 独立思考问题

独立思考是指独立对每一个问题都进行了从头到尾、由理论到实践的思考，但也不排斥经常参加讨论争辩。讨论争辩作为独立思考的补充，也能增加独立思考的严谨性、全面性和深刻性。善于独立思考的人，既能汲取别人的智慧，也能超越前人的思想。善于独立思考的关键在于静下来深思。整天忙于处理事务而不思考，不仅做不好工作，更谈不上培养思维能力。独立思考需要多思，同时也需要博学、善问、勤于钻研和重视思想方法。

4. 不断调整自己的思维方式

善于随时整理自己的思路，总结在思维上的经验教训，是培养科学思维方式的一个重要方面。一个人的具体思维过程是十分复杂的，得到某一正确认识之前，总是要犯各种各样的思维上的错误，有时概念不清，有时判断有误，有时不善变通等。不断总结在思维上的各种经验教训，可以使人不断地完善自己，大大提高自己的思维能力，逐渐形成科学的思维方式。

5. 加强自身的艺术修养

科学和艺术是人类文明的两翼，科学思维和艺术思维是智能之源和创新之路。有关机构对100多名诺贝尔奖获得者进行过调查，发现90%以上的人是音乐和美术爱好者。李政道说过，科学和艺术就像一个硬币的两面，谁也离不开谁。钱学森则进一步对科学和艺术相结合的思维过程做了具体而精彩的分析。他说："从思维科学角度看，科学工作总是从一个猜想开始的，然后才是科学论证。换言之，科学工作是源于形象思维，终于逻辑思维的。形象思维是源于艺术的，所以科学工作是先艺术，后才是科学。相反，艺术工作必须对事物有个科学的认识，然后才是艺术创作。在过去，人们总是只看到后一半，所以把科学与艺术分了家。但其实这两者是分不了家的。科学需要艺术，艺术也需要科学。"

第二课　推陈出新——产品创新

至理名言

创新不是由逻辑思维带来的，尽管最后的产物有赖于一个符合逻辑的结构。——爱因斯坦

能正确地提出问题就是迈出了创新的第一步。——李政道

看图悟道

师父，产品创新有哪些重要性？

想一想，产品创新有哪些重要性？

_____

_____

产品创新是指人们创造出一种能够满足消费者需要或解决消费者问题的新产品。海尔推出的"环保双动力"洗衣机（不用洗衣粉的洗衣机）、华为推出的带有指纹识别功能的 Mate8 智能手机等，都是产品创新的例子。

微课

产品创新的
思路和途径

一、产品创新的思路

对产品不同方面的理解，共同构成了产品的价值。对其中一个或几个方面的创新就可以改变消费者对产品价值的评估。这也为创业者提供了产品创新的思路。根据科特勒的理论，产品创新的思路主要体现在概念、功能、形态、生态、界面等方面。

> 运动手环是在移动互联时代诞生的新产品，一上市即迅速流行开来。人们迫切地希望在运动的同时获得心率、呼吸、负荷强度、运动效果等相关信息，而这些信息过去只能在专门的场所获取。
>
> 运动手环这一革命性的产品创新设计解决了这些问题。研发人员通过移动互联、微芯片的技术支持，将各种监测设备集合到一个小小的手环上，在交互界面为用户提供一目了然的信息。这一创新设计很快得到了市场的认可，睡眠监测、健康报告、运动指导等相关软、硬件和周边产品迅速跟进。运动手环所传播的健康生活的理念也被广泛接受。在短短的两年时间里，它已经是运动爱好者们不可或缺的佩戴产品。

产品创新源于市场需求，源于市场对企业的产品技术需求，也就是说，技术创新活动应以满足市场需求为出发点，明确产品技术的研究方向。

1. 概念创新

概念创新是产品创新的最高形式，它将一个全新的价值概念导入市场，定位于能对经济发展产生重大影响的新产品、新技术。全球领先的汽车厂商在车展上展出的概念车，计算机生产厂商对运算速度的不断追求和展示，都属于概念创新的范畴。概念创新对于人们未来生活方式、价值追求的构思和引领，具有相当强烈的超前意义。

对于初创企业来说，概念创新似乎很遥远，其实不然。概念首先是一种价值主张，而在价值主张上的创新，在当前互联网经济时代十分普遍，也成为众多新兴经济领域初创企业的市场切入点。因此，相较于成熟企业着眼于有重大影响的概念创新，初创企业要把着眼点放在改善生活品质的日常价值创新上。运动手环对于健康、运动理念的生活价值创新，微博、微信等对于社交的生活价值创新，都发生在并不显眼的领域。

2. 功能创新

功能是实用性产品的核心意义和主要内涵。从功能入手研究和分析产品，找出创新点，调整其功能结构，实现功能、形态、经济、审美等在价值上的统一，是产品创新的一个可行思路。例如，佩戴式运动监测装备就是在移动网络的支持下对随身听和医用小型化监测设备进行创新的产品。它在功能上实现了信息化、便携化、全天候，同时能向用户传递运动、健康生活的价值。在丰富的市场需求下，对产品功能的发掘是没有止境的。对于初创企业来说，着眼于功能更容易找到产品的创新点。

3. 形态创新

从功能到形态进行创新，是产品创新的常用思路，但不是唯一的思路。产品创新也可以直接从形态创新开始，赋予某种形态以新的功能。头戴式耳机就是这样的创新，它赋予已经存在的头戴式保暖耳罩以新的功能，实现了产品创新。随身听上面的皮带夹也是利用市场上已有的皮带作为载体而确定的最终形态。初创企业在产品的形态上进行改进和完善，满足市场不同的需求，是一个可行的思路。

4. 生态创新

生态创新是指在产品创新过程中加入生态保护的价值元素，提高产品的环境健康度和亲和力。在当前环保理念深入人心的时代，生态创新是一个非常有前途的产品创新思路。可降解产品的应用、一次性用品的废弃后处理，都可以作为生态创新的着眼点。成熟企业的产品生态创新需要改变上游供应商和已有的产品生产线，负担会比较重；初创企业可以更方便地把生态领域技术进步的成果应用于产品创新。

5. 界面创新

界面是人和产品直接接触、互相施加影响的区域，也是传播文化、审美、价值最为直接的工具。创新界面，使之更符合消费者的文化、审美、价值追求，让消费者在视觉、听觉、触觉等方面有更好的感受，也是产品创新的思路之一。界面包括结构、交互、视觉三个主要方面，界面创新要从这三个方面出发。对于初创企业来说，界面的创新更容易引起消费者的注意，产生更为强烈的刺激。

二、产品创新的模式

根据产品进入市场的先后时间，产品创新可大体分为率先创新和模仿创新两种模式。这是一个笼统的划分。罗伯特·库珀在《新产品开发流程管理》中列出了六种不同模式的新产品。我们在这一划分的基础上，结合初创企业的产品创新特点来简要介绍产品创新的模式。

1. 开发全新产品

全新产品是指在全世界首次投放的产品，它的意义在于能创造全新的市场。初创企业选择全新产品作为产品创新的模式，有一定的风险，但若成功，其收益也非常可观。初创企业开发全新产品要深入调查市场需求，寻求价值、需求等诸多方面的契合。

2. 设计新产品线

有些产品的功能和价值对于消费者来说并不新鲜，但部分企业出于策略的考虑，发现已有产品线生产的产品并未覆盖所有的用户需求时，便会设计新产品线。初创企业可根据长尾理论，寻找市场缝隙或利基市场，通过创新设计产品线，实现产品创新。

3. 补充已有产品品种

这种产品创新模式是指企业对已有产品在品种上进行的完善。此模式生产的产品是新产品类型中较多的一类。初创企业要善于发现市场在这方面的需求，并找到供应的不足，并以此为出发点实现产品创新。

4. 改进已有产品的功能

已有产品在市场上销售一段时间后，会收到各种关于功能、性能方面的反馈，企业据此对已有产品进行改进，可形成新产品。此类产品创新模式在软件行业、制造业等应用较多。初创企业要对技术的进步和市场的需求有相当高的敏感度，善于发现已有产品在功能等方面的可改进之处，实现产品创新。

5. 重新定位产品

重新定位的创新模式适用于已有产品在新领域的应用，包括重新定位于一个新市场或应用于一个不同的领域。这类产品往往是因在使用过程中被发现了新的功能、新的需求而在市场上获得重新定位。

6. 在工艺、流程、外观等方面改进产品

有些产品在性能、效用上几乎没有什么改变，但其材质、界面等得到了强化或改善，因而比已有产品具有更强的竞争力。

三、产品创新的途径

一般来说，产品创新的途径可以分为内部创新途径和外部创新途径两大类。其中，内部创新途径可以分为自主创新、逆向研制、产研结合等；外部创新途径可以分为引进、并购、知识产权交易等。初创企业可根据自身条件和目标进行选择。

1. 自主创新

自主创新是指由初创企业自行研发新产品或改良已有产品。自主创新是通过实现自主知识产权的独特的核心技术来实现新产品的价值的过程。它的成果一般体现为拥有自主知识产权的技术、产品、品牌等。大型企业都非常重视新产品的研发，以期参与对市场潮流的塑造。对于初创企业来说，自主创新具有相当高的壁垒，来自产业、行业、技术、材料、工艺等方面的困难非常多。而且，存在大量专利的产品会因不符合市场需求或者不具备生产条件等而被束之高阁。所以，初创企业在开展自主创新时，首先要检索专利信息库，看看自己的创意是否已经被他人申请专利，同时要对自身实力、市场需求、自主创新成果的转化等进行综合考量，量力而行。

2. 逆向研制

逆向研制是一种产品设计技术再现过程。企业对产品进行逆向分析及研究，得出该产品的工艺流程、组织结构、功能特性及技术规格等要素后，可以制作出功能有所改进的新产品。

对于初创企业来说，逆向研制可以缩短产品的设计、开发周期，加快产品的更新换代速度，降低企业开发新产品的成本与风险。逆向研制可以从模仿开始，模仿的过程也是深入理解产品的过程。逆向研制的目的有二：一是发现已有产品在功能等方面的不足之处，以做出改进；二是在模仿过程中探讨产品的工艺流程、组织结构、功能特性及技术规格等要素，以利于此后的生产。

进入燃油车领域之后，比亚迪走的是逆向研制之路。当时，比亚迪创始人王传福的发展思路非常清晰，他瞄准了中国巨大的低端消费市场。在对中国消费者进行深入分析的基础上，他选择模仿当时世界上较畅销的车型——丰田花冠，打造比亚迪第一款自主品牌汽车。王传福仅仅用了两年时间，就让比亚迪F3成功上市。这种被王传福誉为"站在巨人的肩膀上"的模仿行为给比亚迪带来了巨大的成功。

除了模仿丰田花冠，比亚迪还对许多既有热销车型进行了创造性模仿。即使是创新性模仿，风险也较大。王传福为规避壁垒性专利，巧妙地运用已经过期的专利技术及非专利技术进行研发。

逆向研制的本质是价值创新，这也是比亚迪在电池领域和燃油车领域取得成功的本质。

王传福带领比亚迪在国际市场上给"中国制造"树立了新的形象，靠的正是比亚迪夜以继日以技术创新为主的战略和逆向研制的商业模式。从逆向研制过渡到正向研发，比亚迪带领中国新能源汽车在行业内稳扎稳打，靠技术创新在国际新能源汽车市场上争夺发言权，这对中国制造业其他企业的转型升级具有巨大的借鉴意义。

3. 产研结合

产研结合即产业、科研机构相互配合，发挥各自优势，形成强大的研究、开发、生产一体化的先进系统，并在运行过程中体现出综合优势。

4. 引进

引进是一种被大量使用的创新产品途径，也是一种市场创新的途径。某个产品已经得到充分的市场认可，而另外一个市场尚未开发时最宜引进，因为此时引进产品风险小、收益大。引进产品的目的是迅速积累产品持续创新的资金和经验，在时机成熟后再进一步创新产品。

5. 并购

并购是并购企业直接收购生产某种产品的目标企业，或者将目标企业生产的产品投放到新的市场，或者利用目标企业已有的技术条件、生产条件开发新的产品，如联想对 IBM 笔记本生产部门的并购。

6. 知识产权交易

知识产权交易指知识产权出让主体与知识产权受让主体，根据与知识产权转让有关的法律法规和双方签订的转让合同，将知识产权权利享有者由出让方转移给受让方的法律行为。

 **学以致用**

寻求产品创新途径

通过本课的学习，大家都知道了产品创新对于初创企业的重要性。现在思考一下，如何进行产品创新？

步骤一：全班分成若干个小组，每组对某个企业的现有产品进行分析，确定创新思路。

步骤二：分析市场现状及同类产品，确定产品创新模式。

步骤三：根据以上分析，寻求产品创新途径。

知识拓展

当今时代的七种创新

1. 开拓式创新

开拓式创新是一种最有价值也最有难度的创新。这种创新所创造的事物是在历史上首次出现的全新事物，并且对历史进程具有深远的影响。它往往伴随天才的灵光乍现，带有一定的偶然性。

牛顿开创经典物理学，爱因斯坦提出相对论，哥伦布发现新大陆，莱特兄弟发明飞机，制药公司发明新药等都属于开拓式创新。

2. 升级式创新

升级式创新非常重要。因为早期产品在做工上比较粗糙，价格也偏高，升级式创新起到了完善产品、降低门槛的作用，因此升级式创新者同样值得尊敬。

福特并不是汽车的发明者，却靠 T 型车成了美国首富；比尔·盖茨虽然不是图形化操作系统的发明者，但用 Windows 占领了个人计算机系统的大部分市场份额。

3. 差异化创新

定位理论开始风靡营销界时，就让人有"营销就等于定位、定位就等于营销"的感觉。其实，定位理论所适合的只是差异化创新这个领域。

大家很容易举出很多差异化的例子，如专门给老人使用的手机、专门定位于办公的ThinkPad 笔记本电脑、专门用来越野的 Jeep 汽车……差异化创新是一种十分常见的创新模式，是一种由消费者驱动的创新模式。

4. 组合式创新

当我们给一台拖拉机装上一门大炮的时候，我们就得到了一辆坦克；当我们给手机装上摄像头的时候，我们就有了一台便携式相机；当我们给牙刷装上发动机时，我们就有了一把电动牙刷。

组合式创新同样是一种常见的创新模式，它依赖的不是技术进步，而是对新需求的敏锐洞察。

5. 移植式创新

所谓移植式创新，是指把在 A 领域使用的技术或模式，移植到看似没有关联的 B 领域，从而创造出新的产品或模式。

例如，吉列在剃须刀领域发明了"刀架＋刀片"的模式，把重复购买率低的刀架以极低的利润出售，提高市场占有率，然后通过出售重复购买率很高的刀片来赚钱。移植式创新依赖的是人们对商业模式本质的理解。

6. 精神式创新

对于大部分发展到成熟阶段的行业，不要说发现开拓式创新、升级式创新的机会，就连发现差异化创新的机会也不多了，这时候它们能够依赖的可能只有精神式创新了，即只能通过取得人们在情感、文化、价值观层面的共鸣来实现创新。

如果一个企业的消费者是因为企业向外界传递的某些价值主张而消费，如通过开越野车标榜自己很有男人味，通过穿某一品牌的衣服标榜自己很有品位，那么这个企业就成功了。不过，实现精神式创新很难，因为真正具有情感、文化、价值观输出能力的企业并不多。

7. 破坏式创新

相较于行业领先者，行业新进入者的唯一优势就是他没有什么东西好失去，所以他可以制定新的、带有破坏性的行业规则，然后把对方拉到同一个赛道上，再用他的经验打败对方。

当年淘宝和易趣竞争，易趣是跟商家收取上架费的，还要从交易中收取佣金，而淘宝作为后来者直接打出免费牌，一下子就把商家吸引了过去，这就是典型的破坏式创新案例。

第三课　标新立异——服务创新

至理名言

现在的一切美好事物，无一不是创新的结果。——穆勒

看图悟道

想一想，服务创新是否不如产品创新重要？

_____

_____

一、服务创新的意义

现代经济发展的一个显著特征是服务业迅猛发展，而且其在国民经济中的地位越来越重要。越来越多的企业通过开展服务创新，提高服务生产和服务产品的质量，降低企业的成本率，发展新的服务理念。

服务创新是企业为了提高服务质量和创造新的市场价值而发生的服务要素变化，是对服务系统进行有目的、有组织的改变的动态过程。服务创新的理论研究来源于技术创新，两者之间有着紧密的联系。但是由于服务业的独特性，服务业的服务创新与制造业的技术创新有所区别，并具有独特的创新战略。

企业的竞争优势从根本上说，来自产品和服务的品质；从长远来说，来自企业管理的整合能力。质优价廉的产品和优良的服务是吸引并留住客户的不二法门，优秀的管理则是企业在更高层次上展开竞争的最重要的策略基础。因此，要保持并进一步提高自己的市场竞争优势，企业就必须深入贯彻产品差异化和成本领先策略。要实现产品差异化策略，企业必须不断地开展产品创新、技术创新、市场创新和服务创新；要实现成本领先策略，企业就必须深入开展管理创新，加强企业内部管理整合，通过引进内部竞争机制等多种途径，在保证产品质量不断提高的同时，努力降低企业运作成本和产品生产成本，提高企业效益。企业服务创新的本质就是以满足客户需求为中心，长期重视创新能力的积聚，在关键技术领域建立企业的核心能力，向客户提供高质量的、精心设计的产品。

美国西南航空公司以"廉价"而闻名。该公司的运行成本比行业平均成本低20%，这得益于其成功的服务创新。由于主要提供短程飞航服务，为了简化作业，该公司在飞行中不提供餐点服务，只供应饮料和花生，对于旅程较长的乘客，也会提供一些饼干类的点心。该公司采用先到先上制，登机前一小时开始报到，报到手续完成后，每位乘客会拿到一张可以重复使用的塑胶登机证，上面只有 1 ~ 137 的序号，乘客每30人一组，号码较小的乘客先登机。该公司还通过调整业务流程，加强团队合作，缩短乘客在机场的登机时间。

　　市场竞争的日益激烈使服务的重要性越来越突出。在产品日益同质化的今天，谁拥有较高的客户满意度，谁就拥有与竞争对手抗衡的资本。

二、服务创新的分类

服务创新可以分为五种类型：服务产品创新、服务流程创新、服务管理创新、服务技术创新、服务模式创新。

1. 服务产品创新

服务产品创新是指服务内容或者服务产品的变革。其创新重点是产品的设计和生产能力。例如，在自行车车座中添加灌有凝胶的材料，就可以增强减震效果，并不需要对自行车的其他结构做任何改变。

2. 服务流程创新

服务流程创新是指服务产品生产和交付流程的更新。区分服务流程创新和服务产品创新有时比较困难。在供应商和客户的关系比较密切的服务企业，客户需要参与服务流程，供应商和客户共同完成服务产品，导致产品与服务流程很难区分，从而导致产品创新和服务流程创新很难区分。

3. 服务管理创新

服务管理创新是指服务组织形式或服务管理的新模式，如服务企业导入全面质量管理、海底捞公司对员工进行的管理创新等。

4. 服务技术创新

服务技术创新是指支撑所提供服务的技术手段方面的创新，如支付宝推出的"刷脸支付"、电影院推出的网上自助订票选座服务等。

5. 服务模式创新

服务模式创新是指服务企业所提供服务的商业模式方面的创新。例如，某初创企业针对传统的顾客须到洗车店洗车、顾客须到推拿店推拿等消费行为而推出 O2O（线上到线下）上门洗车服务、O2O 上门推拿服务等。

> **文化贴士**
>
> 在河南省三门峡灵宝市故县镇河西村的连翘基地内，药用连翘花竞相绽放，连成大片黄色花海，创收成果喜人。按照科学标准化技术，这片连翘亩产可达 400 千克，亩产经济利润有 1 万余元。这正是郑州大学 2008 级优秀毕业生孙鑫在大学毕业后致力于返乡助农，创立三门峡市大美连翘有限公司，为新型农业、乡村振兴贡献力量的重要见证。

大学期间，孙鑫做过一些创业计划书。在制作过程中，他会通过消费者评价建立商户诚信和商品评价数据，以此作为消费者选择商户、商品的参考依据。但专攻经济学的他并没有把目光局限于本专业，出于对农业的兴趣，他经常去图书馆阅览农业方面的资料，了解我国的农业发展现状。"这个经历对我选择农村创业有很大的影响。现在每每想起在校的时光，心中总是暖暖的。我掌握了有效的学习方法，积累了丰富的知识储备，在母校的学习经历是我人生中最宝贵的财富。"孙鑫笑着说。

■ 学以致用 ■

服务也有创新

　　说到创新，大家都会想到产品创新、管理创新，却不知服务也有创新，而且很重要。服务创新应如何进行？

　　步骤一：全班分成若干个小组，每组针对某个服务行业进行分析，包括服务对象和服务内容等。

　　步骤二：每组对所选的服务行业的服务对象做一个服务满意度调查。

　　步骤三：通过分析结果，每组得出该服务行业需要做出何种类型的服务创新的结论。

知识拓展

金融业实现服务创新的两个具体思路

　　1. 实现由为客户提供满意服务向培养客户忠诚度的转变

　　银行客户是否持续地购买金融产品或者服务，是银行业能否获得成功的一个决定因素。然而，客户对银行的金融产品或服务的满意度还远远不够。为了让客户能够不断与银行发生交易，对客户忠诚度的培养应该得到足够重视。客户忠诚度是指客户忠诚于银行的程度。客户忠诚表现为两种形式：一种是客户忠诚于银行的意愿；另一种是客户忠诚于银行的行为。很多人会将这两种形式混淆，其实它们具有本质的区别，前者对于银行来说本身并不产生直接的价值，而后者则对银行具有非常重要的价值。道理很简单，客户只有意愿却没有行动，对于银行来说就没有意义。银行要做到以下两点：一是推动客户实现从"意愿"向"行为"的转化；二是通过服务创新等途径进一步提高客户与银行的交易频率。

　　2. 让服务成为金融产品的一部分

　　随着社会的发展，服务将逐步取代产品的质量和价格，成为市场竞争的新焦点。要形成金融服务的品牌，银行须将服务作为一种特殊的金融产品来营销。银行向客户出售的是服务，服务质量是银行求得生存与发展的关键，所以银行应在不断的竞争中形成一套成熟的服务理念和服务管理规范，使更多的客户愿意购买银行的服务。

第四课　独辟蹊径——商业模式创新

至理名言

创新就是创造一种资源。——彼得·德鲁克

看图悟道

> 商业模式创新对企业的发展有哪些重要性？

想一想，商业模式创新对企业的发展有哪些重要性？

_____

_____

管理学大师彼得·德鲁克说过："当今企业之间的竞争，不是产品之间的竞争，而是商业模式之间的竞争。"

商业模式创新向目前在各大行业内通用的为客户创造价值的方式发出挑战，力求满足客户不断变化的要求，为客户提供更多的价值，为企业开拓新的市场，吸引新的客户群。传统书店利用互联网销售图书，就是一种商业模式创新。

一、商业模式的定义

关于商业模式的定义有很多，目前被管理学界较为接受的定义是："商业模式是一种包含了一系列要素及其关系的概念性工具，用以阐明某个特定实体的商业逻辑。它描述了公司能为客户提供的价值，以及公司的内部结构、合作伙伴网络和关系资本等用以实现（创造、营销和交付）这一价值并产生可持续、可营利性收入的要素。"

这个定义明确了商业模式的特征，即商业模式展现的是一个公司用来创造和出售价值的关系和要素（价值主张、客户目标群体、分销渠道、客户关系、价值配置、核心能力、合作伙伴网络、成本结构、收入模型）。

> 支付宝最初是淘宝网为了解决网络交易安全问题而推出的以提供支付功能为主的网络支付工具。在国内它首先采用"第三方担保交易模式"，提供安全、简单、快速的在线支付解决方案。买家先打款到支付宝账户，支付宝再通知卖家发货，买家收到商品并确认收货后，支付宝将货款转给卖家，网络交易至此完成。支付宝用"第三方担保交易模式"有效解决了网上购物的信用问题，大大降低了网购交易风险。抓准买家的痛点，是淘宝在早期能够迅速制胜的一大武器。
>
> 从淘宝网分拆出来后，支付宝作为独立支付平台，在电子商务支付领域展现出更强大的功能。与各大国有银行、VISA（信用卡品牌）等达成战略合作协议后，支付宝在整个互联网电子商务大发展的背景下，又切入网游、机票等市场，用全额赔付制度树立起支付宝"安全、可靠"的形象。随后，通过进入水、电、煤、气、通信费等公共事业性缴费市场，支付宝将自己的商业模式从电子商务的付款平台拓展为涉及生活各方面的缴费支付平台。之后，支付宝进一步进军信用卡还款、缴纳学费、罚款、行政类缴费，甚至网络捐赠等多项服务，将商业模式从缴费平台进一步拓宽为整合生活资源的平台。

商业模式创新是改变产业竞争格局的重要力量。商业模式创新，不仅是传统企业所需要的，也是高科技企业所需要的。

二、商业模式的本质

从前文中我们不难看出，商业模式的本质是一个企业对价值进行的创造、传播和交换。创造价值体现了一个企业基于市场需求的生产结构，传播价值是企业面向市场组织的运营，交换价值则是企业通过满足市场需求所获得的回报。

微课

商业模式的本质

哈佛商学院克莱顿·克里斯坦森教授认为，商业模式就是一个企业的基本经营方法。它包含四部分：用户价值定义、利润公式、产业定位、核心资源和流程。综合其他方面的论述，人们一般把商业模式分解为以下元素。

1. 价值主张

价值主张即企业通过其产品和服务向客户提供的价值。价值主张确认企业对客户的实用意义。每一个价值主张就是一个产品和（或）服务的组合，这一组合迎合了某一客户群体的要求。从这个意义上说，价值主张就是一家企业为客户提供的利益的集合或组合。

一个好的价值主张，可以是革命性的，也可以只是局部的甚至是现有价值主张的重新组合，关键是让客户感觉到价值。

2. 目标客户群体

目标客户群体即企业所瞄准的客户群体。根据某一方面的共性，企业可以将客户划分为不同的群体，而企业往往会选择某一群体作为自己的目标客户群体。确定目标客户群体的过程，也被称为市场划分或市场细分。一个企业需要谨慎地选择自己即将服务的目标客户群体，因为一旦选定，就要投入大量人力、物力、财力，根据对这些群体个性化需求的深度理解设计商业模式。

3. 分销渠道

分销渠道即企业用来接触客户的各种途径，涉及企业的市场策略和分销策略。价值主张通过分销渠道传递给目标客户群体。分销渠道可以帮助企业建立客户忠诚度。

4. 客户关系

客户关系即企业同其目标客户群体建立的联系。人们通常所说的客户关系管理即与此相关。由商业模式决定的客户关系将对整体的客户体验产生深刻的影响。从靠人员维护的客户关系，到自动化设备与客户的交互，都属于客户关系的范畴。

5. 价值配置

价值配置即企业资源和活动的配置。价值配置涉及价值链的各个环节，涵盖了企业的整个运营流程。价值配置能有效整合价值网络中的各种资源，实现资源的有效利用，促进网络价值创造活动，实现优化产出。

6. 核心能力

核心能力即企业执行其商业模式所需的能力和资格。核心能力是一个商业模式有效运行所需的最重要的资产。核心能力的强弱能在一定程度上决定企业能否获得市场、维护好客户关系并获得收益。不同类型的商业模式需要不同的核心能力。

7. 合作伙伴网络

合作伙伴网络即企业同其他企业为有效地提供价值并实现其商业化而形成的合作关系网络。这也描述了企业的商业联盟范围。让一家企业拥有全部所需的资源并亲自完成所有的生产、服务环节的要求并不合理。建立合作伙伴网络，对于企业来说，可以优化资源、降低成本，将注意力集中到其擅长的领域，从而形成规模效应。这种合作以优化资源及活动的配置为目的，可以采取外包或基础设施共享的形式。

8. 成本结构

成本结构即企业对其使用的工具和方法进行的货币描述。创造和传递价值，维护客户关系，以及创造收益都会产生成本。成本结构分为成本驱动型和价值驱动型两大类。前者强调降低成本，后者看重为客户创造价值。大部分商业模式努力在两者间取得一定的平衡。

9. 收入模型

收入模型即企业通过各种收入流来创造财富的途径。收入来源于将价值主张成功地提供给客户。如果说客户构成了一个商业模式的心脏，那么收入模型便是该商业模式的动脉。每一种收入模型可能有不同的定价机制。不同的定价机制会给企业带来不同的收益。

10. 资本增值

伴随用户规模、市场份额的扩大和品牌价值的提升，项目本身也在不断增值。

商业模式的整体创新不仅需要企业改善各种因素或变量，还需要优化因素或变量之间的相互联系和协同作用机制。面对客户需求、法律环境、社会环境和竞争压力等的变化，企业必须不断对自身所处的价值系统的不同环节进行整合，或者改变某些环节、组合方式，以实现商业模式变革。例如，快消类创业项目更重视分销渠道，技术型创业项目更重视核心能力，工业类创业项目更重视成本结构。这些元素中，有的是关于资源的，有的是关于市场的，还有的是关于产业的、行业的、技术的、竞争的、成本的、盈利的。在每一个创业项目中，这些元素都有其存在的具体形态。这就说明，商业模式不仅包括这些元素的具体形态，也包括它们的构建方式。

韦伊等人在 2001 年提出了"原子商业模式"的概念，并明确表示每个原子商业模式都具有四个特征，即策略目标、营收来源、关键成功因素、必须具备的核心竞争力。企业对原子商业模式进行的不同组合会构成不同的商业模式。企业可以试着挑选与组合原子商业模式，并评估其可行性，以建构最适合自己的经营模式。同时，技术的不断发展和外部环境的不断变化，导致企业必须对自身的原子商业模式进行不断的更新与重组。我们可以从这个角度理解商业模式的本质——企业用以配置资源、建立合作、占领市场、实现盈利的集成化解决方案。

三、商业模式和企业战略的关系

企业战略是指企业在适应和主动利用环境变化的过程中，为建立和发挥优势而做出的一系列重大、长期和根本性的决策和行动。它包括一个企业在价值定位、发展规划、目标市场、客户关系、市场营销、技术创新、人力资源、资源配置与开发、资本运营等方面的设想。在越来越激烈的市场竞争环境下，企业间的竞争已经从围绕利润而展开，变为围绕竞争优势的建立、保持和发挥而展开。迈克尔·波特提出了三种基本的行业竞争战略：成本领先战略、标新立异战略和目标集聚战略。这不仅为商业模式的设计提供了思路，而且指出了商业模式在企业战略中的重要地位。

 学以致用

定制公交

北京定制公交是基于线上预约的个性化、定制化公交出行服务。截至 2021 年 5 月，北京定制公交预售、在售线路近 500 条，注册用户近 50 万，覆盖 500 个社区，日运载超 8000 人次。定制公交因其按需定制、线上预约、快速直达、安全舒适的优点受到了大众的欢迎。试分析这种出行服务模式为何能够快速发展，并得到大家的认可。

知识拓展

商业模式创新的四种模式

1. 盈利模式创新

不同的盈利方式可能会颠覆行业，360 杀毒软件就是一个典型的例子。360 公司通过提供免费的杀毒软件，吸引了大量用户。这些用户成为 360 公司开辟市场、投放广告的目标后，360 公司获得了巨大的收益。

2. 营销模式创新

面对竞争日益激烈的啤酒市场，青岛啤酒深感原有的营销模式已无法满足企业的发展需求。青岛啤酒积极探索并实践"互联网＋"营销模式，率先构建了"网络零售商＋官方旗舰店＋分销专营店＋官方商城"的电商渠道体系，上线了"青岛啤酒官方商城""青啤快购"两个移动端，多渠道满足移动互联网时代客户的购买需求和消费体验。

3. 产业链模式创新

起初，京东的产品供应是先将产品采购到京东自己的仓库，然后进行配送。京东发现这样的产品供应会增加运营成本后，便采用了另外一种产品引进模式。京东开始寻找大量的产品供应商，不管对方是厂家还是普通的代理商，只要有产品就可以合作。不过，京东也要求每个产品供应商必须上架价值为 100 万元及以上的货物，每月结算一次。就是这个改变，让京东的投资商们看到了前景，纷纷继续投资。

4. 价值创新

有的产品本身可能不挣钱，但是因为它的价值或品牌价值很大，同样也可以在市场中占有一席之地。

第五课　万象更新
——渐进性创新和突破性创新

至理名言

能正确提出问题，就是迈出了创新的第一步。——李政道
非经自己努力所得的创新，就不是真正的创新。——松下幸之助

看图悟道

想一想，创新是否就是灵机一动的灵感？

_____

_____

按照创新强度的不同，技术创新可以分为渐进性创新与突破性创新。

一、渐进性创新

渐进性创新是指在原有的技术轨迹下，对产品或工艺流程等进行的程度较小的改进和提升。

一般认为，渐进性创新对现有产品的改变比较小，能充分发挥已有技术的作用，能强化现有的成熟型企业的优势，尤其能强化已有企业的组织能力，对企业的技术能力、规模等要求较低。

对火箭发动机、计算机和合成纤维的研究表明，渐进性创新对产品成本、可靠性和其他性能都有显著影响。虽然单个创新所带来的变化都很小，但它们的累计效果不可小觑。福特T型车早期价格的降低和可靠性的提高就证明了这一点。1908—1926年，福特T型车的价格从1200美元降到290美元，而劳动生产率和资本生产率却都得到了显著提高。成本的降低是无数次工艺改进的结果。他们一方面通过改进焊接、铸造和装配技术降低成本，另一方面改进产品设计，提高汽车的性能及可靠性，从而使福特T型车在市场上更具吸引力。

渐进性创新虽然对企业盈利状况的影响力比较小，但能提高客户的满意度，增加产品或服务的功效。渐进性的流程创新同样能够提高企业的生产力、降低企业的生产成本。

随着时间的流逝，渐进性创新会产生巨大的积累性经济效果。因此相较于突破性创新给企业带来的巨大风险与困难，许多企业经营者倾向于采取渐进性创新模式。

在腾讯公司，渐进性创新的案例数不胜数。维持快速迭代的渐进性创新，是腾讯产品持续成功的重要因素之一。从1999年到现在，腾讯发布了数百个版本的QQ，其中当然有大的重构和功能的革新，但更多的是渐进性创新。腾讯是较早执行快速迭代微创新的互联网企业，正是这种微创新能力使它获得强大的盈利能力。

旅馆简化客户登记程序，银行重新装修营业大厅，养老院换上显眼的标志以方便视力退化的老年人，国际航线座椅增加USB充电口等都属于服务型行业的渐进性创新范畴。对于一直致力于开拓新市场和开发新产品的企业来说，不断改进是获得成功的要素。这些企业都已认识到，无数次的渐进性创新是整个创新过程必不可少的一部分。因此，渐进性创新也是一种有益的、不可或缺的尝试，应该予以支持。轻视渐进性创新的作用，企业就会止步不前，无法创造出更好的产品、更优的服务，也无法开辟出更广阔的市场。

二、突破性创新

突破性创新是促使产品性能发生巨大变化，对市场规则、竞争态势、产业版图具有决定性影响，甚至可以引发产业重新洗牌的一类创新。这类创新需要全新的概念与重大的技术突破，往往需要优秀的科学家或工程师花费大量的精力与时间来实现。这些创新常伴有一系列的产品创新、工艺创新及企业组织创新。显著降低成本或显著提高产量的流程改进也可以被认为是一种突破性创新。

突破性发明或发现有时候会使企业获得突破性的创新成果。突破性发明或发现是人类向前跨越的一大步，它可能无法使某个企业获得"先来者"的优势，但往往能孕育出一个全新的行业。汽车、电、青霉素、互联网，都是具有突破性的发明或发现。所有成功的技术型企业都需要渐进性创新来满足当前客户不断变化的需求，以实现企业的持续成长。但是这些渐进性创新还必须周期性地辅以不连续性创新。突破性创新就是一类主要的不连续性创新。

那些存在了数十年的大企业，会有规律地用突破性创新来打断竞争对手正在进行的渐进性创新。但是在重大的突破性创新方面所做的努力，包括大企业所做的努力，失败往往多过成功。虽然看起来有很多小规模的创业型企业在进行突破性创新，也将创新成果带入了市场，但实际情况是，它们中的大多数都失败了。一项研究表明，在美国风险资本支持的新企业所进行的创新中，只有小部分从属于第一类（真正的突破性发现）和第二类（基础技术的改进）创新，因为风险基金的生命周期有限，并不鼓励投资长期的高风险项目，尽管这些项目的获利潜力很大。

生意好的"秘诀"

有一家快餐店，每天都"人满为患"，而隔壁的快餐店却生意惨淡。试着分析一下，为什么会出现这样的状况？

步骤一：全班分成若干个小组，每组选择当地一家生意较好的快餐店作为调研对象。

步骤二：将该店与附近快餐店进行对比，分析两家的不同。

步骤三：以小组为单位交流调查结果及得出的结论。

知识拓展

渐进性创新和突破性创新的关系

渐进性创新和突破性创新虽然相辅相成，但还是有区别的。

现在大部分人认可的创新是突破性创新，但是企业在生产过程中，每个时刻都会在生产过程、工序上做出改变和改善，这些改变和改善往往不会完全推翻以往的生产经验，而是根据以往的生产经验逐渐进行的完善和改进，这种完善和改进称为渐进性创新。研究人员在大企业中的调研显示，影响大企业发展状况的关键是这些渐进式创新。

但从另一个角度分析，渐进性创新只能维持企业现有产品的竞争能力，当市场上出现携突破性创新成果进行竞争的企业对手时，现有的成熟大型企业有可能丧失其市场领先地位。历史上，晶体管的出现几乎击溃了所有的电子管生产企业，而当时电子管生产企业正孜孜不倦地致力于渐进性创新。日本石英钟技术的发展给瑞士的钟表业带来致命的打击，而这种技术恰恰是从瑞士流出的，瑞士优秀的科技人员和企业家还在埋头进行渐进性创新以提高机械表的性能。这些教训说明，渐进性创新可以保持企业的现有优势，但难以抵制突破性创新带来的冲击。

"双创" + "红旅"：一堂精彩的红色筑梦大课

"大学生创新创业扶贫"的"红旅"活动于 2017 年走入大众视野。

从 2017 年的 100 多支团队、40 余项落地协议，到 2020 年的 20 多万支团队、1.9 万余项合作协议，"红旅"活动在全国高校普遍开展，内涵也不断丰富。2021 年，"红旅"全国启动仪式回归革命圣地井冈山，与上海、嘉兴、延安、深圳、雄安六地联动，串联起党在各个历史时期带领人民奋斗的光辉历程，带给年轻人一堂精彩的红色筑梦大课。

接触国情实际，感受乡土温度

近年来，全国大学生创新创业团队走进延安、井冈山、西柏坡、古田等革命老区，追寻革命前辈伟大而艰辛的创业史；走进安徽小岗村、黑龙江大庆、宁夏闽宁等地，感受不畏艰辛、敢为人先的奋斗精神，在中国共产党的精神谱系中寻找坐标，在不同历史时期的奋斗历程中感悟初心使命。

井冈山大学"百年好合"项目团队，利用所掌握的百合种植技术助力革命老区脱贫攻坚和乡村振兴，先后在江西革命老区莲花县和井冈山等地因地制宜发展百合产业。项目负责人生物科学专业学生冯校介绍："针对莲花县 10.8 万亩（7200 公顷）荒山，制定了'山地百合种植'产业模式，目前发展有以卷丹百合和龙牙百合为主栽品种的山地百合 1.2 万亩（800 公顷），将荒山变成了农民的致富幸福之山。"截至 2020 年，百合产业在莲花县共发展了 3500 亩（约 233.3 公顷），覆盖全县 52 个行政村、1568 户，年产值超亿元；提供了就业岗位 60 000 人次，帮助 220 户贫困户、748 名贫困人员实现年均增收 5208 元，为当地如期脱贫摘帽做出贡献。

学生们既受到了思想洗礼，提升了社会责任感、创新精神和实践能力，同时也推动了当地社会经济发展。

走向田间地头，助力乡村振兴

近年来，"红旅"活动紧扣脱贫攻坚、乡村振兴等国家战略，不断丰富内涵，组织广大青年学生积极开展创新创业实践活动，使"红旅"成为一堂最具成效的乡村振兴大课。

乌蒙山片区，干旱缺水、土地贫瘠，青年人大多外出务工，当地村民缺乏资金和技术。2015 年，云南大学滇池学院"彩云本草"项目负责人工程管理专业学生赵庆早带领一群"90 后"大学生先后走访了乌蒙山区的会泽、罗平、富源等县，与农民同吃同住同劳动。他们依托乌蒙山区得天独厚的自然环境，致力于打造现代化互联网云端数据库下的智能化中药材种植，为人们提供优质、低价的好药材，以现代农业帮助农民返乡创业、就业。

通过建立国家—省—校三级活动机制，大赛广泛动员全国大学生参与活动。大赛通过举行全国对接活动，主动联系城乡社区的科技、农业、文旅等部门，深入调研地方经济结构，征集当地农产品种植和销售、文化旅游规划等方面的需求，开展项目前期接洽、需求沟通，最终签订落地合作协议，实现大学生创新创业与地方发展需求的精准对接。

当时担任教育部高等教育司司长的吴岩表示，"红旅"活动把专业教育和创新创业教育深度融合，探索了中国高等教育人才培养新模式，走出了一条新路，树立了新的人才培养观和教学质量观。

讨论：

1．为什么说"双创"＋"红旅"是一堂精彩的红色筑梦大课？"红旅"活动有何意义？

2．结合材料分析学生该如何将创新创业与国情民情结合起来。

第七篇

千里之行，始于足下
——创业准备与实施

开篇思考

你想过自主创业吗？
你对自主创业了解多少？

育人目标

1. 培养创业者应具备的素质，学会用道德规范约束自己，在自立自强的基础上围绕国家需求，发挥自己的优势，为实现中国式现代化贡献自己的力量。

2. 懂得合作，创建或融入创业团队，与团队伙伴团结协作、互帮互助、共创辉煌。

第一课　学无止境
——创业能力培养

至理名言

立志欲坚不欲锐，成功在久不在速。——张孝祥
在希望与失望的决斗中，如果你用勇气与坚决的双手紧握着，胜利必属于希望。——普里尼

看图悟道

师父，创业需要哪些能力？

想一想，创业需要哪些能力？

_____

_____

创业活动是创业者在识别创业商机的基础上，应用多种创业资源实现创业目标的活动。创业是一项复杂的系统工程，要求创业者随时解决在创业过程中出现的技术、经济、社会关系等种种问题。因此，一个成功的创业者，不仅要有创业想法，而且要有解决创业问题的本领。这种本领就是所谓的创业能力。

微课

创业能力

一、市场洞察能力

创业需要识别创业商机，因此创业者必须具有敏锐的市场洞察能力。洞察能力是一种观察能力。尽管人人都能观察，但每个人在观察过程中表现出来的风格和得到的收获却可能大相径庭。有的人浮光掠影，走马观花，视而不见，见而不疑，无法发现新的商机；有的人独具慧眼，见微知著，一叶知秋，能悟出商机，发现空白市场。

市场洞察是一种有目的、有计划、有步骤的创业感知活动，是在创业实践中采用观察的方法与技巧获得关于被观察事物的主观印象并据此获得创业创意的过程。创业者应具有的市场洞察能力，就是善于用敏锐的眼光去看（观），用创造性的思维去想（察）。一个成功的创业者，在常人的心目中似乎有超人的洞察力。但其实，"超人"的洞察力是不存在的，有的只是对观察对象的创业理解。

创业的机会很多，但是奇迹往往隐没于平凡之中。判断一个创意的市场价值、一项发明的应用前景、一个市场的开发潜力，无一不需要敏锐的眼光。机会虽稍纵即逝，但若被抓住，它就有可能给你带来无尽的财富。

> 宣传奇才哈利十五六岁的时候在一家马戏团做童工，负责在场内叫卖小食品。但是每次来看戏的人不多，买东西吃的人更少，尤其是饮料，很少有人问津。

有一天，哈利突发奇想：向每一位买票的观众赠送一包花生，借此吸引观众买饮料。但是老板坚决不同意他这个看似荒唐的想法。哈利用自己微薄的工资做担保，请求老板让他一试，并承诺：如果赔钱，自己就用工资补偿老板的损失；如果盈利了，自己只拿走一半利润。老板这才勉强同意。"来看马戏喽！买一张票就可以得到一包好吃的花生！"在哈利不停的叫喊声中，观众比往常多了几倍。

观众进场后，哈利就开始叫卖饮料，而绝大多数观众会买上一瓶饮料。一场马戏下来，小食品部的营业额比平常增加了十几倍。原来，哈利在炒花生的时候加了少量的盐，这样花生更好吃了，而且观众越吃越口渴，饮料的生意自然会越来越好。

哈利通过赠送美味的炒花生，吸引人们前来观看马戏表演，又通过在花生中加盐的方式带动了饮料的销售。在这个案例中，哈利利用自己敏锐的洞察力，不仅使马戏团的生意越来越好，还带动了之前萧条的饮料生意。

二、决断能力

创业机会很多，但并不是每一个创业机会都可以付诸实施。创业者必须对创业机会进行分析判断，进而做出创业决断。创业环境总是复杂的，在这个环境中，政治的、经济的、文化的，各种要素相互联系、错综复杂，任何方案都不是完备的，这就需要创业者具有纵观全局的战略眼光和战略决断能力。

"不谋全局者，不足谋一域；不谋万世者，不足谋一时。"在今天这样一个新生事物层出不穷的时代，只有正确认识知识经济的发展规律，敏锐地分析市场的发展变化，准确地把握国家的政策法规，才能够正确地评估创业机会。

一个名叫丽贝卡的23岁女孩，创办了英国首家个性化报社——"你上报了"有限公司。在这张"私人报纸"上，刊登的不再是那些肩负社会道义的传统新闻，而是纯粹属于个人的消息。客户们不仅能把名字等个人信息刊登在报纸上，还能把个人的新闻故事、照片登在头版头条上。

这种"帮普通人轻松实现明星梦"的方式比那些平民真人秀更能吸引年轻人，该报刊受到了越来越多的年轻人的青睐。该公司的营业额也十分可观。

这个英国女孩发现现代年轻人喜欢标新立异的特点后，果断创业，把公众的报纸变个人的报纸，最终取得了成功。

三、网罗人才能力

任何人都不是也不可能是全才。创业者可能是发现机会的人，可能是制订计划的人，但不可能是完成整个创业过程的人。一个成功的创业者，必须找到最适合的事业发展助手，如技术专家、市场营销主管、财务主管等。此外，创业阶段的企业还需要外部机构的支持，如银行机构、风险投资机构等。因此，创业者需要具有网罗人才的能力。

如何能够网罗更多人才、知人善用呢？这就需要创业者具备以下几种能力。

（1）鼓舞人心的力量。充满热情是快乐工作、生活的原动力。创业者要将员工心中的热情激发出来。

（2）亲和力。拥有亲和力可以让人们更好地团结身边的同事、朋友。因此，创业者要让他人感觉自己是一个值得信赖的人，拥有温暖人心的魅力。

（3）领导协调力。领导的任务不仅是引导员工，还包括支持和帮助他们完成他们应完成的目标。创业者要协调好员工之间的关系，对任务进行统筹安排。

（4）沟通能力。良好的沟通不仅能传递信息，还会影响人们工作、生活的各个方面。

（5）谈判能力。一个好的谈判者不仅要善于讨价还价，还要能够制订双赢的计划并与对方进行有效沟通。

人才是最宝贵的创业资源。善于网罗人才的创业者，通常是创业成功的佼佼者。

四、创业管理能力

看准了合适的创业机会，找到了志同道合的创业伙伴，准备好创业所需的资金后，创业者就需要把自己手中的所有资源组织起来，具体来讲就是做好人、财、物的管理工作。成功的创业者必须具有创业管理能力。

创业管理能力一般包括战略能力、计划能力、营销能力、理财能力、项目管理能力、时间管理能力等。

（1）战略能力是指创业者能够整体地考虑企业经营，理解如何适应市场，思考如何向顾客传递价值及如何比竞争者做得更好的能力。

（2）计划能力是指创业者考虑企业未来可能面临的机遇与风险，对人员、物资、资金进行预先分析，制订合理的工作计划的能力。

（3）营销能力是指创业者了解企业提供的产品和服务及它们的特性，知道它们如何满足顾客的需要和如何使顾客认识其吸引力的能力。

（4）理财能力是指创业者管理钱财，能够保持对支出的跟踪和对现金流的监控，以及根据其潜力和风险评估进行投资的能力。

（5）项目管理能力是指创业者组织项目，确定特别的目标，确定工作计划以确保必要的资源在正确的时间处于正确的位置的能力。

（6）时间管理能力是指创业者有效地利用时间，能够优先安排重要的工作和按计划行事的能力。

 学以致用

让我来策划推销

步骤一：全班分成若干个小组，扮演被派往终年冰雪不消的阿拉斯加推销电冰箱的推销人员。

步骤二：组长负责分工，经过小组讨论后写出详细的推销策略。

步骤三：教师扮演生活在阿拉斯加的人，成功说服教师购买冰箱的小组胜出。

步骤四：每组派出几个代表，谈一谈此次策划推销的心得体会。

知识拓展

创新产生的途径

创新并不是一件神秘的事情，我们每天都会与创新擦肩而过。新事物的产生和发展离不开创新，我们应该从以下几个方面寻找创新的途径。

1. 日常生活

在日常生活中，我们常常会撞击出创新的火花，只要细心观察，就一定能够找到创新点。

2. 学习

我们从书本中获取知识、获得灵感，所以应该在不断的学习中寻找创新的突破口。

3. 研究与开发

我们应该在自己的领域潜心研究，力求开发出技术更成熟或适用面更广的产品。在这个过程中还可能迸发出新的灵感。

4. 网络、电视、报纸等

我们每天都能在网络、电视、报纸上接触新信息，只要认真、仔细地观察，就一定能够获得创新的想法。

第二课　打点行囊——创业准备

执着追求并从中得到最大快乐的人，才是成功者。——梭罗

人的活动如果没有理想的鼓舞，就会变得空虚而渺小。——车尔尼雪夫斯基

想一想，创业前需要做哪些准备？

_____

_____

创业是一种充满激情又充满艰辛的历程，它对于任何一个想自强自立的人来说都是一种诱惑。但并不是每个人都适合创业，也并不是每个人都能成功创业。综观古今中外，虽然创业成功者不在少数，但创业失败者更多。

一、创业者必备的素质

创业失败可能有很多原因，创业者不具备必备的创业素质是一个重要原因。正如人人都可以跳高，但要成为一名优秀的跳高运动员，就需要具备一些必备条件。要成功创业，创业者需要具备以下素质。

1. 有充沛的精力

创业者要比一般人工作更长的时间。完成一次成功的创业一般需要 5～7 年的时间，因此，创业者需要有充沛的精力，以能够持之以恒地为实现目标而努力。

2. 有明确的目标且充满自信

创业需要有明确的目标。有了目标，创业者才能找到奋斗的方向，并动用全部的资源去实现目标。卡耐基曾经对世界上一万个不同种族、性别和年龄的人就人生目标问题进行过一次调查，结果发现：只有 3% 的人有明确的目标，并知道怎样去实现；97% 的人要么没有目标，要么目标不确定，要么不知道如何去实现目标。10 年后，他又对这一万个人进行调查，结果发现：那 97% 里的大部分人，在事业上几乎没有太大的成就，仍然过着普通的生活；那些有明确目标且知道怎样去实现的人，大部分在各自的行业取得了卓越的成就。当然，除了有明确的目标，创业者还需要充满自信，相信自己有能力实现设定的目标。设定的目标应当既具有挑战性（要经过一定的努力才能达到），又现实可行。目标设定得过高固然不切实际，目标设定得过低则不能充分激发创业者的潜力。

3. 有积极的心态

积极心态是相对于消极心态而言的。尤其是在逆境中，积极的心态能使人保持乐观的情绪、顽强的意志和冷静的思考。消极心态则让人不思进取、得过且过，一旦遇到挫折就丧失信心，甚至颓废消沉。

> 两个商人到非洲考察皮鞋市场。一个商人看到人人都打着赤脚，大失所望：这些人都打赤脚，怎么会买皮鞋呢？于是他打道回府。另一个商人看到人人都打赤脚，惊喜万分：这些人都没有皮鞋，这里的市场太大了。于是他设法引导当地人购买皮鞋，终于打开了销路，大获成功。

  面对同样的环境，两个商人为什么得出相反的结论？原因就是他们的心态不同。积极的心态是创业者获得成功的重要保证之一。

4. 有创造性地解决问题的态度

创业者要有解决问题的强烈欲望，这样才能实现自己心中的目标。与一般人常常采取相对保守的解决方法不同，创业者遇到问题时，一般会努力寻找新办法。创业者的目标是创办一个新的企业，这就容易引起一些人的不满。他们会在创业者的前进道路上设置障碍，因此，能够创造性地找到消除这些障碍的方法，并持之以恒地坚持下去，是对一个创业者的基本要求。

一个人，要带着一头狮子、一只羊和一棵白菜过河。但是他的船很小，每次只能带着一样东西过河。那么，为了不让狮子吃了羊，羊吃了白菜，他应该如何安排过河的顺序呢？

他冥思苦想，终于想到了办法。第一趟的时候，这个人先带着羊过河，留下狮子和白菜；第二趟的时候，这个人带着白菜过河，到了河对岸的时候，他留下白菜，同时把羊带回来；第三趟的时候，他留下羊，带着狮子过河；第四趟的时候，他带着羊过河。

人既可以带东西过河，也可以带东西回来。带过去的东西不一定不能带回来。很多难题并不是无解的，如果我们能打破思维定式，就可以创造性地解决它们。

5. 有敢于冒险的精神

安于现状的人往往不会成为创业者，创业者必须敢于冒险。但创业者的冒险与那些赌博式的冒险、蛮干式的冒险不同。创业者的冒险建立在资源可行和他们对风险的客观评估的基础之上，他们总是努力把业务控制在收益最大但风险最小的状态。

6. 能够从失败中总结经验

创业是有风险的，因此失败有时是不可避免的，但失败并不可怕，可怕的是不知道为什么失败。明智的创业者能够从失败中总结经验，以避免类似错误再次发生，而且面对失败有一颗永不妥协的心。成功的创业者都是在屡败屡战中成长壮大并取得成功的。

> **文化贴士**
>
> 战国时期著名的政治家苏秦年轻时，曾到许多地方做事，却因学问不深而不受重视。回家后，家人也瞧不起他，对他的态度很冷淡。这对苏秦的刺激很大，他决心发奋读书。从那以后他常常读书到深夜，犯困时就用锥子往大腿上刺。因为这样就可以使自己醒来，继续读书。
>
> 苏秦刻苦攻读《周书阴符》，游说列国，得到燕文公赏识，出使赵国，提出"合纵"六国以抗秦的战略思想，并最终组建合纵联盟，任"纵约长"，兼佩六国相印。

二、创业谋略

具备创业的必备素质后，创业者就可以创业了。但要成功创业，创业者还必须明确创业之"道"，学会以下创业谋略。

微课

创业谋略

1. 量力而行

企业是由人才、产品和资金组成的。自有资金不足，往往会导致创业者经济负担过重，无法成就事业。因此，创业者要有"有多大实力就做多大事"的观念，不要过度举债经营。企业应"做大"而非"大做"，"做大"是有利润后再逐渐扩大，"大做"则是勉力举债而为，只有空壳没有实际，遇到风险必然失败。

2. 谨慎选择

创业要选择自己熟悉又专精的行业。在项目的选择上，首要原则便是"做熟不做生"。创业者选一个自己较为熟悉的行业，既能在业务的开展和经营中获得事半功倍的效果，也能让自己避开一些陷阱。创业者也可选择一个自己非常热爱的行当进行创业。创业需要意志坚定、苦中作乐。只有将兴趣和事业相结合，才能有热情。只有具有对某一行业的热情与挚爱，才能激发信念，才能以此鼓舞团队，才能克服困难走到最后。

江西女孩小夏从小就喜欢毛绒玩具，对玩具的痴迷最终让她有了凭借玩具创业的想法。起初，她和妹妹在深圳开了一家毛绒玩具专卖店，那也是当时深圳一家较高档的毛绒玩具店。虽然两人从未有过经商经历，也不懂物流管理，但她们的创业尝试仅仅凭借独特的定位就实现了盈利，并随后以每半年一家新店的速度迅速扩充到四家店面。

"兴趣是最好的老师"，在选择行业时小夏姐妹从自己的兴趣出发，为创业的成功奠定了基础。

3. 做好规划

创业者不但要制订短期计划，还要制订稳健的长期规划。

量力而行，是创业成功的保证。所谓"本钱小做小生意，本钱大做大生意"，创业者在创业过程中要避免出现资金短缺的情况。其中，"本钱大"和"生意大"之间还应有个"缓冲地带"，即充裕的准备金，否则一旦应收款收不回来，应付款又无钱可付，就只能关门停业。即使开业资金充足，创业者也必须制订合理支付的完整计划。

精细的规划往往针对在创业过程中可能出现的困难局面而展开，从而成功规避这些潜在的风险。当个人身份从雇工转变为创业者之后，无论是家庭生活、社会事务，还是金钱支付，都要比以前复杂得多。创业者要对企业运转、员工生活负责，要防止欺诈、盗窃，还要努力学习经营管理知识。创业者要认真思考在努力奋斗的条件下是否能够以自己的体力、见识、能力和经验去应付种种事态。

4. 先求生存再求发展

创业者应先求生存再求发展，扎好根基，勿好高骛远、因小失大、不顾风险，必须重视经营体制，步步为营，再求创造利润，进而扩大经营。

5. 集中力量

创业者在创业初期要集中力量办大事，注重做事效率，不要一味追求表面的浮华。

6. 积极寻求合作

创业讲究战略。初创企业更需要与其他企业达成合作，即在销售自有产品之外，附带推销其他相关产品。创业者积极寻求合作，不仅能提高自有产品的吸引力、满足顾客的需求，而且能增加自己的竞争力与收益。

7. 适时规划

经营理念、经营方针及经营策略都需要详细规划，提前做好准备。

总而言之，创业者在创业前应做好自我评估，了解自己究竟适不适合创业。一旦走上创业之路，创业者就应好好努力，掌握各项创业原则，让自己成为一个成功而快乐的创业家。

三、创业实务知识

1. 工商税务知识

（1）工商登记。工商登记是国家对生产经营者所行使的管理职能之一，也是生产经营者确认自身合法地位的法律程序。申请创办公司，创业者首先要提交创办公司的申请报告。报告应写明创办公司的名称、地址、组建负责人的姓名、公司性质、生产经营范围、生产经营方式、公司总金额、员工人数、筹建日期等内容。工商登记审批的最后环节是领取营业执照。公司自领取营业执照之日起即宣告成立，即取得了法人资格，同时也取得了公司名称专用权和生产经营权。

（2）税务登记。守法经营、依法纳税是每个公民应尽的义务。为保证生产经营活动顺利进行，创业者应在领取营业执照之日起 30 日内到税务机关进行税务登记。

2. 经济法律知识

（1）个人独资企业。个人独资企业是指依照《个人独资企业法》在中国境内设立、由一个自然人投资、财产为投资个人所有、投资人以其个人财产对企业债务承担无限责任的经营实体。

（2）合伙企业。合伙企业是指自然人、法人和其他组织依照《合伙企业法》在中国境内设立的普通合伙企业和有限合伙企业。普通合伙企业由普通合伙人组成，合伙人对合伙企业的债务承担无限连带责任。有限合伙企业由普通合伙人和有限合伙人组成，普通合伙人对合伙企业的债务承担无限连带责任，有限合伙人以其认缴的出资额为限对合伙企业的债务承担责任。

3. 其他知识

除工商税务、经济法律知识以外，还有其他相关知识，如金融保险知识、财务管理知识等，需要创业者阅读有关资料进行系统的学习。

初创企业的规模一般比较小，许多工作可以外包给社会上的一些中介机构。这样不仅可以节省开支，而且可以得到更高水准的专业服务。

 **学以致用** ■

创业测试

市场如同战场，对弱者的惩罚并不会因为其弱小而有所减轻。想一想，关于创业，你准备好了吗？

步骤一：准备好纸、笔，认真回答以下问题。

（1）你对主要的经济指标了解多少？

（2）你做计划和预算的能力怎样？

（3）你的财务管理知识有多少？

（4）你能否亲自进行日常管理工作？

（5）你对进货和存货控制的知识了解多少？

（6）你会进行市场分析和市场预测吗？

（7）你认为自己的市场洞察能力如何？

（8）你了解促销、广告吗？

（9）你有没有把握与员工建立良性互助的关系？

（10）你了解产品定价的知识和策略吗？

步骤二：认真对照以下标准，看看自己准备好创业没有。

以上 10 个问题的分值均为 1 ~ 5 分，如果你完全不懂，则计 1 分；如果你非常清楚地了解，则计 5 分；如果介于完全不懂和非常清楚之间，则根据情况，分别计 2 分、3 分、4 分。如果总分数在 45 分以上，说明你已有充分准备去创业，可以放手一搏；如果总分数在 35 ~ 44 分之间，则说明你可以小试一下，并尽快强化薄弱环节；如果总分数在 34 分以下，则说明你的创业知识储备不足，必须先补习，再寻找时机创业。

步骤三：对自己的创业准备有一个客观的认识后，列出详细的补习计划。例如，找一些图书自学；到公司里打工以积累经验；进修一些课程，包括有系统地向个人请教。

知识拓展

合伙经营的好处

1. 增加启动资本

你的创业资本是由你和你的合伙人共同筹集的。

2. 减轻压力

完全靠自己创办企业，压力多、风险大，不如找一个合伙人与你一起创办。

3. 优势互补，群策群力

有钱的出钱，有力的出力。有的人有专业技术，有的人有管理才能，合伙经营可以实现优势互补。

请注意，在合伙经营之前，创业者首先要想一想自己的性格是否适合与人合作。个人意识太重，主观意识太强，喜欢以自我为中心，不能将自己的主张、资源与别人分享的人，不适合合伙经营。

第三课　一鸣惊人——创业理念

至理名言

不要只因一次失败，就放弃你原来决心想达到的目的。——莎士比亚
实现明天理想的唯一障碍是今天的疑虑。——罗斯福

看图悟道

俺也是居家办公一族了。

想一想，成功创业需要哪些素质？

_____

_____

创业是一项重大的决策。对于任何一个创业者来说，创业过程不仅充满了激情与憧憬、振奋与喜悦，还充满了风险与挑战、挫折与艰辛。尽管创业失败的比例比较高，创业失败必然会影响创业者的整个生活，但还是有许多人选择创业。那么，到底是什么力量促使人们走上创业之路？哪些人更容易创业成功呢？

一、灵活就业

为了扩大就业途径、积极促进就业、稳定就业市场，我国政府进行了不断的探索与努力。目前，我国就业途径主要分为固定就业与灵活就业两大类。

灵活就业是相对于固定就业而言的，是指以非全日制、临时性、季节性、弹性工作等灵活多样的形式实现就业。简单来说，灵活就业就是一种非签约就业的形式。

国家统计局数据显示，截至 2021 年年底，中国灵活就业人数约为 2 亿。其中既包含一些传统的就业形态，如农民工、个体工商户等，也包含一些新兴业态，如外卖员、快递员等。灵活就业的主要优势在于就业人员可以自由支配时间。

小刘是合肥某职业院校的毕业生。毕业时，他对学校推荐的工作不太满意，于是干脆在家做起了自由职业者。他想到自己常常在网络上购物，那为什么不自己开一家网店呢？说干就干，他筹集了 3000 元钱，先注册了一个网店账号，又到当地的批发市场采购了许多可爱的小饰品，并把它们拍成照片，放在网上。这样一家独属于他自己的网店就正式开业了。

但是事情并不像小刘想得那么简单。因为他以前只是在网络上购物，并没有销售经验，不知道如何吸引顾客，所以光顾他网店的人不多，销售量很小。小刘感受到了前所未有的挫败。

这时候一个朋友告诉他，不要小看了网店，任何一项经营都有它自己的特点，小刘必须深入了解，才能有所突破。一语惊醒梦中人，小刘将自己的眼光投向同行，对比自己与他们究竟有什么不同，还买来一些网店经营方面的图书自学。他发现，自己的商品虽然价格低，但是档次也偏低，不符合大多数女性消费者的喜好。这一次他认真地写了一份计划书和实施方案，然后把自己学到的知识运用于经营。渐渐地，小刘网店的生意红火了起来，他每天忙得不亦乐乎。他说："自己在经营方面还有很多需要提高的地方，需要不断地学习、创新，才能在竞争激烈的网络营销中站稳脚跟。"

小刘也算是白手起家，资金少，全靠个人的热情和努力。在失败中吸取教训，不断地学习和创新，他的创业才出现了转机。这也是想创业的人应该注意的问题。

二、创业成功的必备要素

1. 自信

凡是成功者，都是有自信心的，能够坚持自己的理想，并为此而不懈地努力，最终取得成功。每个人都会遇到困难，身处逆境时，自卑者易失去信心，自信者却能克服重重困难，实现自己的目标。心理学研究认为，自信是成功最重要的前提和条件。

2. 务实

在竞争激烈的社会中，创业者要虚心踏实、求真务实，切忌浮夸，想得多、做得少。如何才能赚钱？创业者可以先想再做，可以边想边做，也可以做了再想，但绝对不可以只想不做。不幸的是，后者总是大多数，尤其是在学生创业群体里。创业不一定非要有宏大的高新科技项目或完善的商业计划，传统领域也可以让大学生大展拳脚。商机永远在你身边，你如果够敏感而且够务实，就可以从脚边拾到第一块金子。务实是创业的基本出发点。

> 宜家公司的创始人英格瓦·坎普拉德善于观察、思考，在任何时候都能找到商机。
> 1948 年的一天，坎普拉德看到一则关于家具的广告，心里怦然一动。之前，坎普拉德卖过种子、相框、手表、钱包、尼龙袜等物品。开始卖家具的坎普拉德同其他零售商一样，非常注意对成本的控制。为了降低成本，坎普拉德从不惜在设计上下功夫。
> 以宜家的邦格咖啡杯为例，这款咖啡杯已进行过好几次重新设计，只是为了能在一个货盘上多装一些。由此而诞生的自组式家具，成了宜家成功的秘密之一。

许多人心高气傲，认为在平凡的行业创业难成大器，于是错过了很多机会，最终一事无成。其实，很多企业家就是从传统行业做起的，他们凭着务实的态度，最终取得了成功。

3. 知识

对知识的学习是无止境的。一个人在学校里学到的知识只是很小的一部分，我们需要不断地充实自己，以便在竞争激烈的社会上站稳脚跟。

21 世纪最重要的是人才，企业之间的竞争和较量主要是人才之间的竞争和较量。在现代社会，知识更新周期空前缩短。我们生活在一个学习型的社会里，任何人都必须不断学习、更新知识。想靠学校学的知识"应付"一辈子，已完全不可能。只有通过不断学习获取最新知识，才能比别人获得更多机会。要想在职场中保持优势，就要让教育与培训贯穿整个职业生涯。

在创业时，一些中职毕业生会对自己的学历有些介意，担心自己的学历不够高。其实大可不必，因为，高学历并不等于高能力。创业需要专业知识背景，但更需要探索求知。只有具备较强的工作能力和不断学习的能力，才能让自己在创业中立于不败之地。

4. 勇气

无论在创业中还是在工作、生活中，我们都需要具备战胜困难的勇气。真正的勇气是具备"智慧"的，是"以大局为重"的，绝非匹夫之勇。要拥有这种带着智慧的勇气，就要不断修正自己，让自己在面对任何经营事务时都能勇担重任，不断精进。

> 一个年轻人工作半年后，很想了解公司总裁对自己的评价。虽然他觉得事务繁忙的总裁可能不会理睬自己，但他还是决定给总裁写一封信。他在信中向总裁问了几个问题，最后一个也是最重要的问题是："我能否在更重要的职位上干更重要的工作？"
>
> 没想到总裁回信了，总裁没有回答这个年轻人的其他问题，只对他最后的问题做了批示："刚好公司决定建一个新厂，你去负责监督新厂的机器安装吧。但你要做好得不到任何回报的准备。"
>
> 年轻人没有经过这方面工作的任何训练，却要在短时间内完成任务，在一般人看来，这是非常困难的。年轻人也深知这一点，但他更清楚，这是一个难得的机会，如果自己因为困难而退缩，那么可能永远也不会有机会垂青他。于是他废寝忘食地研究图纸，向有关人员虚心请教，并和他们一起进行分析研究。最后，机器得以顺利安装。
>
> 当这个年轻人向总裁汇报这项工作的情况时，意外的是，他没有见到总裁。一位工作人员交给他一封信，总裁在信中说："祝贺你已升任新厂总经理。你的年薪也会变为原来的 10 倍。据我所知，你原来是看不懂图纸的，我想看看你会怎样处理，是临阵退缩还是迎难而上。结果我发现，你不仅具有快速接受新知识的能力，而且有出色的领导才能。当你在信中询问自己能否在更重要的职位上干更重要的工作时，我便发现你与众不同，这点颇令我欣赏。一般人可能都不会想这样的事，或者只是想想，但没有勇气去做，而你做了。新厂建成了，我想物色一个总经理。我相信，你是最好的人选，祝你好运。"

 许多看似不可能完成的任务，往往会被人类完成，如登月。只要我们拥有战胜困难的勇气，主动出击，问题就一定会迎刃而解。

5. 积极

世界上并不缺少机会，只是缺少发现机会的眼睛。发现创业的机会需要积极的心态。积极的心态会带来积极的结果。保持积极的心态，你就可以战胜困难，反之就会被困难打倒。要想拥有一个积极的心态，就要学会积极地思考。

> 有一家运营相当好的大公司，为扩大经营规模，决定高薪招聘业务员。考试题目是：想办法把木梳卖给和尚。
>
> 绝大多数应聘者感到困惑不解，甚至愤怒：出家人要木梳何用？这不明摆着戏弄人嘛！众人纷纷拂袖而去，最后只剩下 3 位应聘者：甲、乙和丙。
>
> 主试者交代："以 10 日为限，届时你们向我汇报销售成果。"
>
> 10 天后，主试者问甲："卖出多少把？"甲答："一把。"主试者问："怎么卖的？"
>
> 甲讲述了经历的辛苦：游说和尚买把木梳，不仅没有卖出梳子，还惨遭和尚的责骂。他在下山途中看到一个小和尚一边晒太阳，一边使劲挠头皮，便灵机一动，递上木梳。小和尚用后满心欢喜，于是买下一把。
>
> 主试者问乙："卖出多少把？"乙答："10 把。"主试者问："怎么卖的？"
>
> 乙说他去了一座名山古寺。由于山高风大，上山者的头发都被吹乱了，他找到住持说："蓬头垢面是对佛的不敬，您可考虑在门前放把木梳，供来者梳理鬓发。"住持采纳了他的建议，买下了 10 把木梳。

主试者问丙："卖出多少把？"丙答："1000 把。"

主试者惊问："怎么卖的？"

丙说他选了一座颇负盛名的寺庙。他对住持说："凡来此处的人，多有一颗虔诚之心，若离开时能拿走一物，便可得到鼓励，在日常生活中多做善事。我有一批木梳，您书法超群，写上'积善梳'三字，便可将其送给他人。"住持大喜，立即买下 1000 把木梳。

　　把木梳卖给和尚，听起来真有些匪夷所思。但在别人认为不可能的地方开发出新的市场，才是真正的业务高手。商机处处都在，就看你如何挖掘。

 学以致用

走访创业成功的校友

步骤一：全班分成若干个小组，每组选出一位本校毕业的创业成功的校友作为走访对象。

步骤二：每组想办法与走访对象取得联络。

步骤三：每组设计采访方案，或通过信件，或登门访问，请他们以亲身的经历谈谈自己的感受和成长过程。

步骤四：每人都要写一份走访感想。

知识拓展

成功创业者的特征

一个成功的创业者应该具备哪些特征呢？国外研究人员对一些取得成功的创业者进行了研究，并归纳出了他们共同拥有的特征。

1. 自信

他们普遍都有很强的自信心。

2. 信仰"时间就是金钱"

他们通常很急切地想见到创业成果，因此会给别人带来许多压力。他们信仰"时间就是金钱"，不喜欢也不会把宝贵的时间浪费在琐碎的事情上。

3. 脚踏实地

他们做事实在，不会为了使自己舒服一点儿而马虎做事。

4. 不计较虚名

为了实现个人理想，他们不会计较虚名。他们生活简单朴实，必要时常常身兼数职。

5. 情绪稳定

他们通常不喜形于色，也很少在人前抱怨、发牢骚。遇到困难时，他们总能冷静面对，寻找突破点。

6. 喜欢迎接挑战

他们喜欢承担风险，但不会盲目地冒险。他们乐于接受挑战，并能从克服困难中获得无穷乐趣。

7．控制及指挥欲望强烈

他们具有较强的控制及指挥欲望，不习惯只听命于他人。如果你在公司里是一个唯唯诺诺、一言不发的人，或只是一个虽不喜欢公司的环境，但没有勇气辞职的人，那么你离成为创业者还有一段距离。

8．重视健康

他们通常会在"不寻常的时间"处理事务，十分重视健康。

9．乐于学习

他们几乎无所不知，既能掌控全局，又能明察秋毫。

10．逻辑清晰

他们能够从杂乱无章的事物中整理出一套逻辑。有时候他们也会凭直觉做决策。

当然，具备这些条件不是一蹴而就的。对成功创业者特征的了解，有助于我们走向成功之路，打开成功之门。

第四课　运筹帷幄——制订创业计划

至理名言

天下之难事必作于易，天下之大事必作于细。——韩非

德不优者，不能怀远；才不大者，不能博见。——王充

看图悟道

如果你是孙悟空，你将如何规划花果山的发展？

_____

_____

计划是指在工作或行动开始之前制订的具体内容或步骤。确定并充分论证创业目标后，创业者就应着手制订创业计划。

所谓创业计划，是指创业者通过一定的形式把创业构想全面、清楚地表达出来。任何一个人在创业之前，都必须对创业目标有一个科学规划和设计。创业计划就是创业者根据创业营运原理和他人的创业经验，结合自己的实际，整理出一套全面、渐进的程序和方法，以便分阶段、分步骤地实现创业目标。

一、创业计划的分类

创业实际上是落实创业计划的一种实践活动。创业计划按照不同的标准可分为不同的种类。

（1）以时间为标准，创业计划可分为长期计划、中期计划和短期计划。长期计划也称作战略计划，是对创业活动的一种整体设计，具有系统性和完整性。对于创业活动来说，长期计划具有战略性、纲领性的指导意义。长期计划主要包括为实现长期目标而拟订的一些重要活动步骤、分期目标和重大举措。中期计划将创业时间安排、创业活动内容及创业实施步骤等内容都体现得相对简短而具体。短期计划更能体现阶段性的特点，在时间安排、活动内容确定以及要达到的效果等方面都有较为明确的规定，一目了然，便于实施。

（2）以创业的内容为标准，创业计划可分为经营计划和创建计划。经营计划是创业者根据创业目标和内容的要求，明确要干什么、怎么干、如何干好。它涉及企业运营的所有方面，并指导创业者开展日常工作，以实现创业的具体目标。创建计划是指创业者把创业构想变成创业现实，并按照经营计划顺利运营。

二、创业计划书

1. 创业计划书的概念

微课

创业计划书

所谓创业计划书，是指人们将有关创业的想法，通过文本这一载体表现出来。创业计划书质量的好坏，关系着创业者能否找到合作伙伴、获得资金及其他政策的支持。创业计划书会因阅读对象不同而不同。目的不同，创业计划书的写作重点也应有所不同。

2. 创业计划书的内容

一份完整的创业计划书需要具备以下内容。

（1）从事的行业。创业者必须描述自己要进入的是什么行业，提供的产品或服务是什么，谁是主要的客户，所属产业的生命周期是处于萌芽、成长、成熟阶段还是衰退阶段，企业是什么性质，何时开业，营业时间有多长等。

（2）主打产品。创业者需要描述企业的产品或服务到底是什么，有什么特色，自己的产品或服务跟竞争者的产品或服务有什么差异，如何吸引客户选购等。

（3）市场定位。创业者需要界定目标市场在哪里，如何维护和寻找客户。不同的市场和不同的客户需要不同的营销方式。此外，创业者还应该确定产品如何上市、促销、定价等，并且做好市场预测。

（4）经营地点。一般企业对经营地点的选择没有特殊的要求，但是创业者如果要开实体店，就需要考虑经营地点等因素。

（5）市场的竞争分析。市场的竞争分析包括：谁是与自己最接近的竞争者，他们的业务如何，两者业务相似的程度如何，从他们那里学到了什么，如何做得比他们更好。

（6）管理办法。创业者需要提出企业管理的目标和细则。

（7）人事需求。创业者需要考虑现在、半年内和未来 3 年的人事需求，并对所需成本进行预测。

（8）财务问题。创业者需要考虑融资款项的运用、营运资金的周转等，并预测未来 3 年的损益、资产负债和现金流量。

（9）风险估算。风险可能来自突发事件，风险来临时，创业者要有应对措施。

（10）关于 3 年后的规划。创业者需要规划企业 3 年后如何发展，要实现的目标是什么。企业是要能持续经营的，所以创业者在规划时要从长远考虑。

三、创业初期的关键问题

在企业运营的最初几个月里，由于日常事务的压力，再加上实际经验不足，创业者很容易产生再做些别的事情的想法，如增加一种产品或服务，进入一个新市场等。此时创业者应该保持坚定的信心，把自己的计划坚持 3 个月甚至更长时间。这样会令创业者避免做出冲动的行为，也可以令创业者更好地认识自己企业的模式。

创业者保持高度热情的方法包括有效安排时间（在恰当的时间做恰当的事），从消费者的角度改进企业的产品或服务，格外重视与市场的联系。

1. 规划时间

时间是一种有限而且宝贵的资源，创业者应合理安排时间，以确保经营中的任何一个重要方面都得到良好规划。这是创业者对企业的最好投资。

2. 根据需要更新计划

创业者应该按计划行事，只有在必要时才做调整，但创业计划的主旨不应改变。轻易改变创业计划会给企业带来巨大风险，创业者应尽力避免。

3. 总结

创业者都十分认可以下事项。

（1）用信息验证自己的直觉和预感。

（2）顾客的兴趣、所关心的事物高于一切。

（3）做好计划，在满足顾客需要的同时获得利润。

（4）执行计划。

（5）适应变化。

创业者必须让企业朝着对自己和企业都合适的方向，以合适的速度发展。

 **学以致用** ■

设计创业方案

步骤一：现有资金 1 万元，请你填写表 7-1，为一名刚毕业的中职生设计一个自主创业的方案。

表 7-1　自主创业方案表

现状	姓名	年龄	健康状况	学历	专业	现有资金
可行性创业方案						

步骤二：根据你设计的方案写一份简单的创业计划书。
步骤三：根据你的创业计划书进行收益分析。

知识拓展

初创企业常见的财务风险

初创企业面临的困难和问题很多，而且它们会同时存在。

1. 资金风险

资金是确保企业持续运营的关键，相当于人的血液。企业在初期多处于持续投入阶段，对资金的需求很大，而融资能力很低，因为很少有金融机构愿意为初创企业贷款，毕竟不确定因素很多。因此，初创企业需要做好资金方面的储备，否则就易面临资金流断裂的风险。

2. 不能及时收回货款的风险

初创企业，为了尽快占领市场并将产品销售出去，多会采取赊销的方式。而产品赊销是把双刃剑，尽管可以令初创企业迅速占领市场，但也需要初创企业承担不能及时收回货款的风险。如果货款不能及时收回，初期企业就要承受巨大的经营压力。

3. 投资风险

不论是承租商铺一次性支付的租金，还是用来租赁或购入用于加工制造的房屋和机器设备的资金，对于初创企业来说，都是一笔不小的投资。无论用于企业生产经营的固定资产是租赁的还是购入的，初创企业都会面临租赁期内按照约定支付租金以及后续采购款的支付问题。

另外，在预期的投资回收期内收回投资对初创企业来讲风险较小，但如果没能在预期的回收期内收回投资，初创企业的投资风险就会变大。

4. 涉税风险

创业者在创办企业之初会将主要精力放在企业的运营上，而不太在意企业的税务管理。比如，企业是否按期缴纳税金。有的企业在没有充足资金的时候，为了确保生产经营，会将有限的资金用于采购物料，而不按期缴税，但又没有向当地税务机关申请延期纳税，这就给企业带来了涉税风险。

5. 产品积压的风险

对于初创企业来讲，产品积压是常见的现象。初创企业的产品在市场上的认知度很低，且设立初期企业容易过高地估计自己产品在市场上的价值，因此企业在前期大量地生产产品，却没有及时将产品销售出去，导致企业产品出现了积压。产品积压不仅会增加资金占用的压力，还会增加仓库的管理压力，从而对初创企业的经营结果产生影响。

第五课　只争朝夕——创业实施

至理名言

盛年不重来，一日难再晨。及时当勉励，岁月不待人。——陶渊明
真正有价值的东西，不是出自雄心壮志或单纯的责任感，而是出自对人和客观事物的热爱和专心。——爱因斯坦

看图悟道

想一想，创业者在创业的时候应该注意哪些问题？

创业的实施是一个动态发展的过程，是将创业的宏伟蓝图转化为健康的企业实体的过程。创业的实施是整个创业活动的主导因素和中心环节，其他创业活动都是围绕着创业的实施而展开的，创业实施的顺利与否决定着创业的成败。

一、开业准备

一个企业的创办往往源于一种创新思想的产生。在正式开始经营企业之前，创业者需要做好充足的准备。

1. 场地的租赁

与企业经营范围和规模相适应的固定的营业场所和必要设施，是企业生存和发展的物质基础和实体要素。任何企业的创办都要仔细考虑选址问题。不同地区对于区域性限制与经营许可证的要求不同，创业者在选址时必须认真调查研究。

以零售类公司为例，一般的房租＝场地费＋广告费。有些场地的租金比较高，但综合费用比较低。一般来说，在租金上花费得多些，在综合费用上花费得少些，要比与之相反的做法更为稳妥。

2. 设备的购置

设备是企业在生产活动中所使用的各种机械和装置的总称。它是企业技术和新技术具体应用的载体，是企业进行生产活动的物质基础。企业要生产经营，就必须拥有基本设备。创业者要根据自己的经济实力购置必要的生产设备、办公设备等。在资金不宽裕的情况下，辅助生产设备的使用问题可采取租赁或分期付款的办法解决。企业设备的状态，不仅会直接影响企业产品的数量、质量，以及其他各项技术经济指标，还能影响企业的正常运行和经济效益，甚至会对企业形象产生重大影响。因此，初创企业选择和购置设备时必须慎重地综合考虑各方面的因素，以使这种重大投入能切实给企业带来明显的经济效益。对于所需的重要生产设备，初创企业在做出最终购置决定之前，要"货比三家"，实地考察设备生产厂家，了解设备的先进性、性能价格比、可靠性、节能性、环保性，以及售后服务等因素。

3. 资金的筹措

企业的运作过程实际上也是资金的运作过程。如果资金需求得不到满足，初创企业就很难顺利地开展业务。因此，资金是创业得以推进的前提。

4. 人员的招聘

人员的招聘是创业的重中之重。选择合适的员工会为初创企业的发展增添力量，选择不合适的员工会增加初创企业的负担。

人员招聘的工作要在初创企业正式运营前完成。人员招聘的工作包括确定招聘计划、发布招聘信息、接待和甄别应聘人员、发出录用通知书、录用备案就业登记、评价招聘效益等。初创企业招聘员工时要注意以下5个方面。

（1）准备充足。人员招聘的决策和计划的主要内容应该包含此项招聘的目的、岗位描述及岗位要求、招聘信息的传播方式、招聘人员名单、招聘时间、新员工进入企业的时间、招聘预算等。在制订招聘计划时，创业者要把握循序渐进原则。匆匆忙忙、不加挑选地招进一批人，不仅会让企业面临招聘资金用尽的困境，还会影响企业的良好发展。辞退过多的员工会使企业的社会形象受损。

（2）发布招聘信息。发布招聘信息是指利用各种信息传播工具发布岗位信息，鼓励和吸引人员参加应聘。创业者要根据不同的应聘对象，选择相对有效的发布媒体和渠道。

（3）筛选简历。招聘人员通过审查申请表，初步筛选出那些满足最低应聘条件的人员；通知候选人来企业面谈，对通过测试的应聘者进行背景调查；通知通过背景调查的人来企业与主管或高级行政管理人员面谈；通知合格人员做健康体检。创业者对应聘者的评估必须客观、公正。

（4）签订劳动合同。企业在招贤纳士时，必须向应聘者申明企业的宗旨、规章制度和员工守则、各职级的责任、生产运作的方式等，并且要与雇员签订劳动合同。

（5）录用备案、就业登记和终止或解除劳动关系备案。录用人员后，初创企业应当自录用之日起30日内，到当地劳动保障行政部门办理录用备案手续，并为被录用人员办理就业登记。与员工终止或者解除劳动关系后，初创企业应当在7日内到当地劳动保障行政部门办理备案手续。

创业者应当在招聘后对招聘计划和过程予以总结和评价，对招聘成本的核算和录用的人员予以评估。为了适应经营环境的变化，提高竞争能力，企业需要补充不同的人员。招聘是补充人员的主要方法，也是保持企业活力的重要手段，创业者应该积累这方面的经验。

二、开业登记

创业者在各种条件准备就绪后，要向工商行政机关登记注册。

开业登记有两个基本要求。一是开业登记者要符合国家规定的开业条件。根据《企业法人登记管理条例施行细则》的规定，申请企业法人登记，应当具备下列条件（外商投资企业另列）：①有符合规定的名称和章程；②有国家授予的企业经营管理的财产或者企业所有的财产，并能够以其财产独立承担民事责任；③有与生产经营规模相适应的经营管理机构、财务机构、劳动组织以及依法律或者章程规定必须建立的其他机构；④有必要的并与经营范围相适应的经营场所和设施；⑤有与生产经营规模和业务相适应的从业人员，其中专职人员不得少于8人；⑥有健全的财会制度，能够实行独立核算，自负盈亏，独立编制资金平衡表或者资产负债表；⑦有符合规定数额并与经营范围相适应的注册资金，国家对企业注册资金数额有专项规定的按规定执行；⑧有符合国家法律、法规和政策规定的经营范围；⑨法律、法规规定的其他条件。二是开业登记者要提交国家规定的文件。根据《企业法人登记管理条例》的规定，申请企业法人开业登记，应当提交下列文件、证件：①组建负责人签署的登记申请书；②主管部门或者审批机关的批准文件；③组织章程；④资金信用证明、验资证明或者资金担保；⑤企业主要负责人的身份证明；⑥住所和经营场所使用证明；⑦其他有关文件、证件。

开业登记的基本程序如下。①创业者按《企业法人登记管理条例》规定提交文件、证件。②经登记主管机关核准登记注册，领取《企业法人营业执照》或《营业执照》。登记主管机关根据企业申请和开展经营活动的需要，可以核发执照副本若干份。执照的正本和副本同样具有法律效力。正本应悬挂在主要办事场所或者主要经营场所。国家推行电子营业执照。电子营业执照与纸质营业执照具有同等法律效力。创业者如果需要进行基本建设，还需向登记主管机关申请筹建登记，并领取《筹建许可证》。③进行企业代码登记，刻公章，开设银行账号。④办理税务登记，领取税务登记证和发票。此项工作必须在领取《企业法人营业执照》后 30 天内完成。⑤办理各种社会保险统筹及就业证。

需要创业者注意的是，经登记主管机关核准，领取营业执照后，企业便取得了合法地位；取得了企业名称的专用权；取得了进入生产经营的活动权和承担的义务；要接受登记主管机关的监督检查。未经企业法人登记主管机关核准登记注册的企业一律不准开业，不得私刻公章、签订合同、注册商标、刊登广告，也不能在银行以企业名义设立账户。

三、企业运作

企业运作分为内部运作和外部运作。

1. 内部运作

内部运作包括以下 3 个层面。

（1）企业的基础功能包括技术和开发、生产管理，以及销售管理三个功能，回答的是企业做什么的问题，或者靠什么生存的基本问题。

（2）领导实践、人力资源、结构和流程三个功能，可以确保企业有一个令人满意的利润。它们回答的是企业怎么做的问题，能满足企业中短期发展的需要。

（3）企业文化和远景、使命、策略，是关于企业长期发展方向和策略的问题，以及如何确保实现这一目标的企业文化建设的问题，回答的是企业如何实现快速成长的问题。

2. 外部运作

外部运作有 4 个方面，分别是市场导向、评估控制、顾客服务和公共关系。它们回答的是企业为谁服务和用什么服务，如何确保企业员工所做的一切与顾客的需求、企业的目标是一致的，如何确保顾客服务的质量并因此得到顾客的青睐和长期的支持，如何确保企业的行为与股东的利益是一致的，如何确保企业的行为与政府和社会的要求和期望相符等问题。

四、有效管理

有效管理对企业的稳定发展非常重要，一个成功的创业者需要有较强的凝聚力，能够让团队拥有共同的理想和目标。有效管理要求创业者把工作重点放在类型性问题的思考、流程的设计与训练上。此外，一个成功的创业者还要意识到细节管理的重要性。

海恩法则指出：每一起严重事故的背后，必然有 29 次轻微事故、300 起未遂先兆及 1000 起事故隐患。海恩法则清楚地说明了细节的重要性。这说明所有的安全问题，都是由于不重视细节造成的。相较于关注结果，管理工作应更关注过程，紧抓工作过程中规定动作的执行才是管理的核心。

学以致用

模拟创业实施

步骤一：教师总结出创业的"几步走"，写在纸上。
步骤二：全班分成若干个小组，每组在组长的带领下，讨论出确定希望创业的行业。
步骤三：每组分工写出一份创业计划和一份实施方案。
步骤四：每组按照创业计划和实施方案中的安排，准备注册公司需要的材料。
步骤五：由教师评出创业实施比较出色的小组。

知识拓展

创业需要注意的细节问题

1. "近水楼台先得月"

有的人走出校门便开始创业，有的人通过工作累积足够的经验后才开始创业，但他们大都选择了创办与自己所学专业相关的企业。在自己擅长的专业领域内累积的经验和资源是最大的创业财富，创业者要善于利用这些知识和资源，以便"近水楼台先得月"。

2. 寻找合作伙伴

创业者寻找合作伙伴时，要寻找与自己志同道合、互相信任的合作伙伴。在合作之初，双方就要分清各自的责、权、利，并形成书面文件，还要有合作双方和见证人的签字，以便引起纠纷时有据可依。

3. 了解相关政策

政府部门有很多鼓励创业的政策，对选择创业的学生给予支持和鼓励。创业者在创业时一定要用足这些政策，以大大减少创业初期的成本。

4. 胜不骄、败不馁

收获第一桶金时，创业者会觉得所有的艰辛都是值得的，但应切记不要被胜利冲昏了头脑，要保持清醒，继续前行。同样，如果失败了，创业者也不要气馁或立即放弃。克服重重困难后，创业者一定会走上通往成功的康庄大道。

素养提升

西南石油大学组建青年创客党史学习教育班
——从党史中汲取创新创业智慧

"以青春之名，投身实现中华民族伟大复兴的宏伟事业，不辜负党的期望、人民的期待、民族的重托，不辜负伟大的时代。"2021年5月，西南石油大学青年创客党史学习教育班的学员们来到爱国主义教育基地建川博物馆开展研学实践活动，69名大学生创客在"我与祖国共奋进"浮雕墙前进行庄严宣誓。

当时西南石油大学创新创业中心主任、青年创客党史学习教育班班主任说，组建青年创客党史学习教育班是西南石油大学开展党史学习教育的一项创新举措，目的是让广大青年创客成为党史学习教育的学习者、践行者、传播者，"用青年思维、青年话语去讲述，让党史知识变得鲜活起来"。

自成都试客孵化器管理有限公司总经理在公司晨会上发起"党史天天读"活动之后，西南石油大学国家大学科技园"石大帮创空间"会议室的人气就越来越旺，自发前来参加活动的都是科技园大学生创客们。

除了组织线下学习，青年创客党史学习教育班的班长还在孵化企业内部组建了一个党史学习教育企业家群，定期推送《党史百年·天天读》《党史知识1000问》以及红色经典影视作品等。截至2021年5月31日，已经有40多位创客每天打卡学习。

　　学员们不仅自己学，还结合自己的创业故事和学习心得，走进班级、课堂、寝室，成为党史学习教育的"青春宣讲团"。

　　"以前在石油环空封堵领域，我们只能依靠国外技术。回到母校读博士后，我成立了研发公司，下定决心要攻克技术难题。经过几年努力，研发的产品打破了国外技术垄断，已广泛运用于油气田开发市场。"学员付洪琼在党史学习教育"进班级"宣讲中，向学弟学妹们讲述自己的"创业第一课"，令在场学子深受鼓舞。

　　在青年创客党史学习教育班上，有博士、硕士，也有本科生。他们中，有助力50余个大学生创新创业项目落地的李宁，有在页岩气开采领域攻关"卡脖子"技术的林然，还有在"一带一路"全国发明展览会上凭借环保新能源车用专利获金奖的邓青蓝……

　　"虽然学员们所从事的领域不一样，但有一个共同点，就是有一颗敢拼敢创、为国服务的初心。"姚远说道。

　　"青年创客们从党史学习教育中汲取创新创业智慧和奋进力量，把攻克一个个难关、解决一个个问题作为对党、对祖国的深情告白，更结合自己的探索、奋斗故事，通过青年引领青年，使党史学习教育充满了'青春气息'。"西南石油大学前党委书记赵正文说道。

讨论：

1. 青年创客从党史中可以学到什么？
2. 结合材料思考青年创客需要具备哪些心理素质。

第八篇

他山之石，可以攻玉
——创业案例分析

开篇思考

从成功人士的身上，你能学到什么？
今后你应该怎样做？

育人目标

1. 学习成功人士案例，深入了解自己的性格、兴趣和能力，理性地进行职业定位，做好职业规划。
2. 明确自己工作的价值，运用团队理念，发挥创业精神，增强志气、骨气、底气，知难而进、迎难而上，全力战胜前进道路上各种困难，依靠顽强斗争，打开事业发展新天地。

至理名言

春天不播种，夏天就不生长，秋天就不能收割，冬天就不能品尝。——海涅

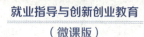

看图悟道

这小篮子，比我的金箍棒有用多了！

要捞河里的鱼，孙悟空用金箍棒怎么也不成功。他改用小篮子后，问题一下就解决了！想一想，在这件事情上，为什么小篮子比孙悟空的金箍棒有用？

_____

_____

一、技能竞赛练就一身本领，不怕吃苦白手起家

武汉市仪表电子学校 2011 届毕业生张勇，毕业后凭借自身技术，创办技术公司。他的人生选择充满传奇：中考时可以上普通高中，却选择了中等职业学校，希望学好一门技术；读书期间，屡获技能竞赛大奖，本可顺利进入高等职业学校提升学历，却选择了就业；工作期间，积累了丰富的行业经验，本可升职加薪，却选择了创业。他创办的公司规模越来越大，合作的客户也越来越强。

在校期间获得多项技能竞赛大奖

尽管是一名"90后"，张勇却已经在社会上摸爬滚打了十余年。

"中考时，我其实可以读高中，但我偏科特别严重，理科很好，英语不行。"张勇表示。考虑到自己家境并不富裕，张勇想学门技术早点就业，减轻家里负担，于是他选择到武汉市仪表电子学校电子与信息技术专业就读。

在校期间，张勇师从该校省特级教师胡峥和信息技术专业老师周永东。在老师们的指导下，他顺利进入学校电子大赛班，并从 2009 年开始代表学校、武汉市及湖北省参加各种大赛并获奖项。

在指导老师周永东看来，张勇特别能吃苦，备战技能竞赛都是主动自我加压，废寝忘食，技术也练得炉火纯青，"无论是焊接、电子产品装配还是电路调试，基本功都十分扎实。"

在校期间，不仅技术过硬，张勇还担任校学生会宣传部长，积极主动参与学校各项大型活动的组织与宣传工作。

白手起家 公司多项技术获国家专利

中职毕业时，是凭竞赛成果升入高等职业学校继续学习，还是直接就业，张勇有些迷茫。指导老师周永东帮他分析："你的技术已经十分熟练，继续学习，提升空间有限。这一行业创业门槛并不高，有市场有技术有产品，投入几万元就可以。"周老师建议他创业。

张勇于是决定先就业，并成功入职一家公司，梦想成为一名研发人员，研发出智能化、精度高、体积小、质量好的尖端设备。"入职后，我发现工作不像参加比赛那么简单，自己掌握的知识还远远不够。"张勇从基层做起，从生产线到技术服务岗位，一步一个脚印。

2014 年，张勇积累足够的经验后选择辞职，开始创办公司。万事开头难，面对行业的激烈竞争，他每天工作 16 个小时以上，夜以继日，全年无休。为了开拓市场，张勇甚至只身一人，远赴新疆、内蒙古，寻找潜在客户。因为急于拿下订单，张勇也吃过不少亏。

面对挫折，张勇没有放弃，"白手起家，怎么努力都会比现在更好"。他坚持走自主研发的道路，截至 2021 年 12 月，他的公司已经有十几项产品获得国家专利，技术服务遍布全国各地甚至国外。

> **启示录**
>
> 张勇每次做重要的人生选择时，都做到了两点：一是面对现实，脚踏实地；二是敢想敢做，勇于承担。选择了中等职业院校，他就努力学习，苦练技术；选择了创业，他就一路向前，永不言弃。在选择创业方向时，作为拥有技术优势的创业者，张勇发挥自己的优势，坚持走自主研发的道路，以技术专利、技术服务赢得市场。这是尊重现实、尊重环境、放大个人优势的正确的创业思维。

二、昔日城镇骄子 今朝创业先锋

2013 年，一个名叫李志燕的新疆小姑娘，从伊犁出发，来到浙江金华求学。在 7 年的时间里，她成功创建并运营了"丝路蜜语"品牌，在"新丝路"上书写了自己的精彩。毕业前夕，李志燕带着所学所获，返回家乡，利用"农特产品＋旅游"全产业链精准扶贫模式造福家乡。

16 岁来金华求学 萌生了创业想法

受益于国家西部大开发战略，2013 年，16 岁的李志燕告别父母，来到金华读书。到达世界小商品之都义乌后，李志燕的眼界一下子开阔了许多。"刚来金华没多久，老师就带我们参观小商品城。哇！那种做生意的方式，让我很受震撼。"李志燕这样描述第一次走进义乌的感受。

就是这次参观，李志燕发现了创业的契机。"小商品城里有人卖新疆特产，作为土生土长的新疆人，我觉得他们的东西不够正宗。"李志燕笑了笑，"我想把更正宗的新疆美味带给大家。"于是，李志燕把自己的想法跟新疆班的同学分享了一下，不少同学觉得可行。第二个学期开学时，他们从新疆带来了核桃、红枣和蜂蜜。

刚开始，他们就是在学校里卖，学校的小广场成了他们课余时间摆摊的主要场所。但理想很丰满，现实很骨感，尽管他们将产品进行了小包装处理，但还是难以带动销量。新疆班学生卖特产的事情，引起了陈秀卿老师的注意。陈老师主动联系他们，试着帮他们将销路打开。"周末，我们还会去夜市等人多的地方摆摊，陈老师经常开车接送我们。"提起老师当年的帮助，李志燕满脸感激。

2014 年，"义新欧"中欧班列通车，"一带一路"倡议也跟进落地了多项措施。这个在义乌求学、售卖新疆特产的小姑娘感受到了政策红利。趁热打铁，李志燕等人在陈老师的指导下，以"新丝路"为切入点，精细化打磨创业项目。该项目一举拿下 2015 年浙江省中等职业学校学生创新创业大赛三等奖。

19 岁创建品牌　帮助新疆老农卖枣

2016 年，李志燕进入金华职业技术学院求学，就读国际经济与贸易专业。更高的平台、更深入的专业学习、更精准的创业指导，让李志燕的创业迈上了新台阶。李志燕参与了创业学院组织的创业实验班，在学校创业街成功申请到了店铺，注册了"丝路蜜语"农特产品销售品牌，已然是一个成功的"小老板"。

但这些并没有给李志燕带来特别大的成就感。有一次去南疆地区游玩，朋友得知她在浙江卖新疆特产，就带她去了一位老农家里，看看能不能帮老乡卖卖红枣。朋友表示，这里经营观念落后，电商发展缓慢，所以长在地里的优质农产品，如果在收获季节没有卖出去，农户就只能忍痛扔掉，损失很大。2017 年，当地多家媒体就曾以"百亩红枣落一地无人问津，枣农怒砍枣树当柴烧"为题进行过报道。这时李志燕创业以来心中一直飘着的那个模模糊糊的想法终于清晰起来。"我总觉得缺点儿什么，创业不是光说我赚到了多少钱，如果能帮助更多的家乡人，那就更好了！"李志燕这样描述自己的想法。

见到老农后，李志燕和他达成了口头协议："丝路蜜语"负责销售，价格高于批发商地头的采购价，老农负责物流和货源。"刚开始，大叔觉得我在开玩笑，因为我是个学生，看上去太嫩了。"李志燕笑着说。但销量说明一切，很快老农周边的枣农也加入了供货队伍，货源区域在不断扩大。截至 2019 年 6 月，李志燕已与 200 多个农特产品种植户达成合作，累计给种植户带来百万元收入。

因为助农销售农特产品的先进事迹，李志燕被当地政府评为"优秀返乡大学生"。"丝路蜜语"项目，也因此拿下 2018 年浙江省"互联网＋创新创业大赛"C 类一等奖。李志燕本人获评"浙江省最佳创业之星"。

回乡，在"新丝路"上书写自己的精彩

"很多人不了解新疆，不知道新疆有多美……但经济环境没有这边好，这给了我一股很强的冲动，想奔回家乡，把她建设得特别好。"2018 年，李志燕升入大三，不同于别人纠结的是升学还是就业，李志燕想的是要不要回新疆。

2019 年 1 月，学校组织"三十佳"学生去新疆参加红色教育活动。也就是这次学习之行，让李志燕彻底下定决心——回新疆。"每到一个学习点，我就看到讲解员在卖力介绍新疆的好。讲解员都那么努力地为新疆做贡献，我为什么不试一试、闯一闯？"打定主意后，李志燕发现"丝路蜜语"的经营模式并不适用于建设家乡这个层面。李志燕想要一个全新的模式，打造一个更大的平台。

寒假期间，李志燕到特克斯县政府实习。借着这个机会，她对家乡产业进行了深度调研。

她边调研，边与创业指导老师沟通，"农特产品＋旅游"全产业链精准扶贫模式渐渐成型。

整合所有资源后，李志燕给出了"农特产品＋旅游"全产业链精准扶贫模式的操作路径：充分运用现有渠道，同时新建电商渠道，在销售农特产品的同时，通过产品包装、店面布置等介绍城市旅游资源，介绍城市资源的微信公众号与"丝路蜜语"店铺二维码同步推介，吸引更多的游客来旅游；将游客资源转变为顾客资源，让旅游充分拉动农特产品销售。

李志燕将自己的想法与特克斯县当时的县委常委、副县长进行了交流，并得到了认同与支持。截至 2019 年 6 月，李志燕已整合农家乐 20 家、民宿 30 家，与县政府、旅游局、供销社建立了合作关系，以霍斯托别村为起点，带动农户散养优质土鸡并供货给农家乐，为整个村带来了 60 万余元收入。

启示录

党的二十大报告指出："全面建设社会主义现代化国家，最艰巨最繁重的任务仍然在农村。坚持农业农村优先发展，坚持城乡融合发展，畅通城乡要素流动。加快建设农业强国，扎实推动乡村产业、人才、文化、生态、组织振兴。全方位夯实粮食安全根基，全面落实粮食安全党政同责，牢牢守住十八亿亩耕地红线，逐步把永久基本农田全部建成高标准农田，深入实施种业振兴行动，强化农业科技和装备支撑，健全种粮农民收益保障机制和主产区利益补偿机制，确保中国人的饭碗牢牢端在自己手中。树立大食物观，发展设施农业，构建多元化食物供给体系。发展乡村特色产业，拓宽农民增收致富渠道。巩固拓展脱贫攻坚成果，增强脱贫地区和脱贫群众内生发展动力。"目前国家正大力扶持有助于乡村产业振兴的创业项目。

在李志燕的创业生涯中，她抓住了政策、环境、平台、资源等各种因素，既实现了自我价值，也将新疆之大美展现给了更多的人，提升了家乡父老的收入。

创业的机会往往就藏在我们身边。多关注身边的人、事、物，以及环境的发展、变化，多了解国家当前的创业政策，可以对做好创业决策起到非常大的作用。

三、一位职业院校学生的创业"三级跳"

古语云：东隅已逝，桑榆非晚。它要表达的是早年的时光虽已过去，人在晚年也可以有所作为。

父母总希望自己的孩子即使年少不成，但经过后天努力，也可以"大器晚成"，所谓"东隅虽已失，晚霞可布天"。

刘夕来的经历"似乎"证明了这一句话。

国家资助，筑梦成长新起色

2007 年，刘夕来成了江苏联合职业技术学院如皋中等专业学校办学点的一名学生。

刚进学校时，他似乎对未来生活失去了信心，学习马虎，整天萎靡不振。学校老师了解他本人和家庭情况后，对他进行了有针对性的心理辅导，鼓励他振作起来，通过自身的努力改变命运。学校老师还向学校资助部门发出申请，通过免学费、发放助学金和生活补助等途径解决了他的生活困难。

在老师的鼓励和资助政策的帮助下，刘夕来像换了一个人似的，浑身充满了学习的劲头，变成了一个积极上进、尊敬师长、团结同学、品学兼优的好学生。

在搞好学习的同时，刘夕来较强的组织和管理能力也充分表现出来。经班主任提议和同学推荐表决，他先后担任班级团支部书记、年级团总支部书记、校团委委员、学生会副主席等职务。

2007年初入学校时，刘夕来就读于机电工程部的机电专业。刘夕来勤奋好学，钻劲十足，仅一年的时间，他就通过自己的不懈努力，把机电专业的证书统统考完了。刘夕来没有因为自己提前完成学业任务而放松自己，虚度余下的校园时光，而是涉及更多领域，更加认真地学习其他专业的知识。

在学校的特批下，刘夕来转到了机电工程部的数控专业。由于认认真真地钻研技术，他又顺利地考取了"车工高级工"证书。他的突出表现，使他获得了国家励志奖学金，这成为刘夕来创业"三级跳"中的"第一跳"。

踏实求进，毅然踏上创业路

由于技术过硬、为人踏实，又恰逢学校缺少实习指导老师，他便留校担任实习指导老师。留校工作期间，刘夕来努力做好实习指导工作，逐渐获得了学校师生的认可。他带的学生都顺利地通过了"车工中级工"考试。

就在他当老师得心应手的时候，他毅然离开了学校，创办了一家数控技术有限公司，从此踏上了创业之路。

谈及原因，刘夕来嘿嘿一笑："世界这么大，我总想着出来闯闯，况且我自认为技术和能力都不错。"不过，回忆起做实习老师的时光，他还是感慨万千。他说："夹在一堆学生中间，根本分不清哪个是老师，哪个是学生。带学生跟做生意一样，诚意和技术是最重要的。"

创业刚开始时，刘夕来并没有想得那么远。跟很多刚开始创业的人一样，他从基础做起，先买回了一台机床开始做材料加工，打算凭自己在学校学的过硬技术闯出一片天地。刘夕来说，创业最困难的并不是没有起始资金，而是没有路子。"别人一看你是个毛头小伙子，谁放心把东西给你做啊。"

从买回第一台普通机床开始，刘夕来骑着家里的旧摩托跑遍了如皋所有与他有合作机会的工厂。就这样东奔西跑地过了将近一年的日子，刘夕来的收入不仅没有比上班时高，还越来越少。但这并没有打击到刘夕来，他不抱怨，不气馁，且更加卖力地投入创业。"吃一堑，长一智"，他说一次次的打击都在提醒自己以后不要犯类似的错误。他始终牢记自己的奋斗目标和人生理想，积极地发展自己的公司。

在他的不懈努力下，公司终于正常运行并开始盈利，这成为刘夕来创业的"第二跳"。

上下求索，锐意进取创辉煌

"答应人家的就一定要做到"，这是刘夕来做生意的信条。有一次，合作厂商给了刘夕来一批材料，让他试试，但他做出来的成品总有鱼鳞状的震痕。为了给客户满意的交待，刘夕来就自己买材料重新做，不停地探索，最后发现客户要求的成品用他的机床根本做不出来，需要加工到一定程度再拿去大的厂子打磨。

为了给自己买回来的材料进行热处理，他数次冒着大雪跑热处理厂。这笔利润只有

400 多元的小生意，让刘夕来前前后后亏了 1000 多元，但他觉得值，因为"现在对方是我的固定客户了"。

在创业中，刘夕来饱尝在商品经济大潮中搏击风浪的酸甜苦辣，也体验到了实现人生价值的幸福。由于诚信和刻苦努力，几年下来，刘夕来终于拥有了一间面积在 150 平方米左右的仓库和 6 台机器。

他用沾满油污的手指着仓库及机器，说这就是他创业路上的"第三跳"！暖暖的阳光洒在刘夕来成熟的脸上，由此我们看到了他的雄心壮志，以及对未来的无限憧憬和美好期待。之后，他又把全部家当投进了厂房和设备，开始了新的人生规划！

"用诚实的心做人、用感恩的心做事、用最短的时间帮助更多的人就业。"这就是刘夕来公司的宗旨。随着业务量的增加，他的公司的规模越来越大。

截至 2018 年 6 月，他的公司已为 200 多名下岗职工及待业青年提供了就业的机会。此外，他还向社会献爱心，如为学生捐送书包和文具，向地震灾区捐款。刘夕来为推动当地的经济发展和社会进步，也做出了自己的贡献。

启示录

诚实、感恩一直是中华民族的优良传统。案例中的刘夕来，就是用这种精神打动了客户。他"用诚实的心做人、用感恩的心做事"，最终赢得了客户的认可，收获了事业的成功。有句话说得好："做生意说到底就是做人，人做好了生意也就做好了。"正是凭着诚信经营，刘夕来的公司规模才能越做越大。创业的过程十分艰难，在创业中，诚信做事、宽厚待人，才能获得成功。

四、三个在校生的创业人生

2017 年，一家教育科技有限公司在平湖市科技创新发展中心揭牌。这是平湖市首家由在校职校生创办的公司，公司总经理是平湖市职业中等专业学校的学生郑培刚。他和同是在校生的另两位"合伙人"陈明佳、沈翔飞，从"玩"打印机到"造"打印机，再到发现中小学创新教育中的商机，一路狂奔，开启了属于自己的创业人生。

起初，3 个年轻人都是抱着好玩的心态加入了学校的 3D 打印团队。"看着各种想要的东西被打印出来，这种感觉太奇妙了。"郑培刚兴奋地说。首次接触 3D 打印，3 个年轻人就彻底地着迷了。

找他们打印各种零部件的教师、学生越来越多，但当时学校只有 1 台 3D 打印机，效率很低。郑培刚和他的伙伴决定自己动手做一个 3D 打印机。在指导老师刘鲁刚的帮助下，他们自主研发了第一代打印机、第二代打印机、第三代打印机……不仅速度越来越快，精度越来越高，还拥有了中文参数显示器，可实时修改打印参数。一遍遍地安装、调试、优化打印机，常常忙得连周末都无法休息。但因为喜欢，他们特别用心。

师生自制的 3D 打印机不仅受到了平湖市各个中小学校的认可和欢迎，还引得不少企业慕名而来。"好几家企业向我们表达了合作意向，并带走了打印出来的成品零件。我们对自己研发的打印机很有信心。"刘鲁刚自豪地说。

3 个年轻人正是在此过程中敏锐地发现了商机：这是一个有前景的创新教育产业。"当下，各地创客教育蓬勃发展，但在具体操作中，因为创客教育的课程体系内容较新，关联的学科较多，一些教师由于知识储备不够，在教学上存在诸多困难。"郑培刚分析道。他们决定创办一家专业从事创新教育课程开发、推广，创新实验室方案设计和建设的公司。

公司如何运作？教学项目从哪里来？课程如何开发？在公司筹备的过程中，一个个难题接踵而至。"在这些学生身上最可贵的就是分析问题、解决问题的能力，这种能力对于创业而言尤为重要。"刘鲁刚说。没有课程，他和学生就自主开发进阶式的创客教育课程，包括无人机创新教育课程、3D打印创新教育课程等，以此满足不同年龄段孩子的需求；没有足够的教学资源，他们就积极寻找战略合作伙伴……就这样，他们攻克了一个个难题。

在揭牌仪式上，面对蓝牙连接控制小车、自动避障小车、小型无人机等科技产品，不少中小学校的教师在全身心投入体验之余，纷纷表示：想尽快和这家教育科技有限公司合作，因为这些有意思的教具、学具正是学校创新教育所需的。

然而，和学校建立合作关系，并非易事。面对几十所中小学校，身为公司"首席公关"的郑培刚一家家地登门拜访，主动向对方介绍公司业务、洽谈合作事宜。郑培刚坦言，这对自己来说是个不小的挑战。为了促成合作，他会事先做好调研工作，并根据授课对象、授课时间等不同情况设计出几套方案。"要把项目推广出去，让对方愿意跟你合作，手上没两把刷子可不行。"郑培刚说。

如何给学生上课、给教师培训，这也是3个年轻人在创办公司之后面临的一大挑战。回想起自己第一次去小学给学生上课的情景，沈翔飞直言紧张："给小学生上课，仅靠专业特长远远不够，还要想着如何以浅显易懂的方式来激发孩子的兴趣和创造力。"为了提升3人的教学能力，刘鲁刚每次上课都会带上他们，让他们担任助教。渐渐地，他们也能独当一面，可以自信满满地上好一堂课。

创业容易，难的是让公司成长起来。3个年轻人的创业之路刚刚起步，但他们对自己的未来已经有了清晰的规划：小目标是为中小学和家庭教育提供学具、更新教育课程和相应的服务；大目标是致力于创新教育推广，努力打造培养孩子想象力和创造力的快乐教育。

启示录

一个企业的生存离不开优秀的员工，而企业的发展则需要科学技术和独特的企业文化的有机结合，这种企业文化的实质和核心就是"团队精神"。团队精神始终渗透在企业的管理思想及各种制度、方法和习惯之中，能使企业全体员工结成"命运共同体"。

案例中3个年轻人的创业成功正是"团结就是力量"的体现。他们各展所长，朝着共同的目标努力奋斗，相互扶持，既实现了个人成长，也实现了公司的壮大。

五、手握一技之长　靠智慧赢得市场

"我在网上卖电动车，质量过硬，大家都很认可，现在每天都有单。有问题你直接电话联系我！"在某建筑工地，吕学壮这位20多岁的小伙子，一边介绍自己一边把一辆二手电动自行车交到对方手上。

吕学壮毕业于临朐县职业教育中心学校。作为一名中职毕业生，他凭借在校学习的技能特长，在就业创业之路上不畏艰难，以乐观向上的积极心态应对生活的压力，担当起当代青年人的应尽职责。无论是在求职择业实现就业创业梦想方面，还是为大众服务解决民生难题方面，他都彰显出了大中专毕业生不负韶华、勇于作为的时代风采！

求学长本领　就业更从容

吕学壮在临朐县职业教育中心学校学的是机电专业，对机械加工情有独钟。他当时的班主任高老师了解到吕学壮家庭情况比较困难后，就时常教导吕学壮要有一技之长，靠本事吃饭，做个自食其力的男子汉。吕学壮也很懂事，刻苦学习，敢于钻研，勤于实践，还在潍坊市职业院校技能大赛（中职组）中荣获二等奖。

"我是一个孤儿，上学免学费，每年还能得到国家助学金，毕业后决不能辜负社会的期望！"经学校推荐，他在临朐县人力资源市场招聘会上找到了一家减速机配件厂的车工工作。

学有所用、学有所长，正是吕学壮的愿望。他在车间遵守"6S"管理法，虚心向老师傅学习，独立操作磨车刀，车工技能大幅提高，他加工的配件精度高、质量好，得到了客户的广泛好评。

买卖有市场　营销辟新径

吕学壮每天都要骑着一辆旧电动自行车上下班。车子时常出问题，他凭借在校学习的专业技能，自己拆开捣鼓。一来二去，他对电动自行车维修有了兴趣。

在县城一些电动自行车专卖店里摆放着很多以旧换新的二手车，它们或多或少都有些小毛病。吕学壮心想："如果能修复好这些车子，再便宜点儿卖出去，一定能赚钱。"

于是，吕学壮先试着买回几辆旧电动自行车，下班后进行细致维修，直至它们的性能不逊于新车。吕学壮把这些车子的信息发到微信群里，很快就有买家了。

后来，吕学壮学着在闲鱼、转转等平台做电动自行车营销业务。虽然吕学壮岁数不大，网上营销经验不足，但是凭借产品质量过硬、物有所值与诚信经营，他的二手电动自行车在当地卖得很好。

吕学壮经营电动自行车有底线："对来路不明的旧车一概不收。质保三年，预付定金，送货上门。"由于诚信经营，吕学壮不仅生意越来越好，而且名气越来越大。

一些专卖店看到吕学壮网上推销着实有办法，就纷纷邀请他为自己的专卖店卖新车。

"我是新时代的毕业生，要感恩社会和学校的培养，保持乐观向上的心态，扎实铺下身子，做有益普通百姓的事情，不负美好年华！"这是吕学壮的信念。毕业后，吕学壮自立自强，创业就业，靠奋斗改变了命运，拥有了属于自己的天地。

◀ 启示录 ▶

"有志者事竟成"，意志坚定的人才能成就一番事业。创业路上的困难、挫折甚至失败是每一个创业者都不可回避的问题。面对困难，创业者必须有足够的勇气和坚定的信念。

案例中的吕学壮始终保持积极乐观的心态，认真生活，努力工作，靠着一技之长和诚信、能吃苦的作风，最终走上了成功的创业之路。

六、烘焙"爱的味道"

在昌平职业学校的校园里，有一间小屋，总是飘着香甜的味道。这就是昌平职业学校2010届毕业生边玉峰创办的小微企业——"爱的味道"西饼店。这家西饼店在当地已小有名气。回顾自己的经历，边玉峰最大的感触是：虽然一路走来，有很多磕磕绊绊，但内心总是充满了感恩。也正是因为这份感恩，他将自己的西饼店命名为"爱的味道"。

刚进入昌平职业学校学习时，边玉峰是一位"问题学生"。可是，后来他慢慢有了转变，因为他在学校找到了自己的兴趣点——面点制作。在专业技能过硬的老师的帮助下，借助学校提供的锻炼机会，他的专业技能有了突飞猛进的提高。

后来，边玉峰通过双向选择，进入一家大饭店工作。刚进入工作单位时，他充满了激情。但是，随着周而复始的重复工作，他的激情也慢慢消失。可是，边玉峰知道，自己还有梦。他想设计几款新的面点，他想在原料中加入新的成分……他想让更多的人分享爱的味道。

"我能不能自己开一间店呢？"行动比想法更重要，一份创业计划书随之诞生。借着回校做优秀毕业生报告的机会，他将自己这份稍显幼稚的计划书交给了母校烹饪专业的左欣老师。两个人的想法不谋而合，左欣对这份计划书进行了高度评价，并在员工管理制度、资金等方面给予了很多建议。没多久，一份完善的计划书呈现在大家面前。边玉峰创业的目标越来越清晰，但问题也接踵而至：实体店开在哪里？运营资金从哪里来？项目如何启动？

看到边玉峰的犹豫，左欣考虑良久说："我们拿给校长看看吧。"就这样，一份承载梦想的计划书，送到了学校校长的手中。校长对他的热忱、清晰的思路、详细的规划表示认可。经过学校多次商议，实体店选址的问题解决了，运营资金的问题初步解决了，创业的步子就这样迈开了。

回想自己的技能是母校教授的，自己的创业梦也是依托母校而实现的，他充满了感激。于是，他将自己的西饼店命名为"爱的味道"。

启示录

　　毕业生刚进行创业时，经常会遇到空有技术，资金、经验、资源都不足的情况。此时除了可以向家人、朋友进行咨询、求助，还可以向学校求助。有创业意向的毕业生不妨多与老师进行交流。学院的专业老师可以从行业发展、技术可行性方面帮助毕业生完善创业方案，负责就业创业的老师可以从政策补贴方面帮助毕业生减轻资金压力。毕业生甚至可以依托母校直接创业。一般来说，学校对于回本校创业的毕业生都有优惠政策。

**学以致用**

总结收获

　　通过前面几篇案例的学习，我们从各个方面对自己的性格、兴趣、能力有了深入的了解，也学会了很多东西。现在每位学生都做一次系统的总结，以便为自己的未来指引方向。

步骤一：凝神静气做好准备，从头开始思考，总结出你对职业、对人生的认知。

步骤二：观照自己的现状，想一想你对未来有什么规划，写出短期目标（1～5年）和长期目标（5～10年），详细列出你想达到的目标和实施步骤。

步骤三：想一想你学完本书后的收获。

知识拓展

正视困难

"胜败乃兵家常事"，所以中职生在刚参加工作时，遇到一些困难、失败、挫折也是正常的，关键是如何看待它们，如何战胜它们。

1. 人生之路难得一帆风顺

要做到正确看待失败，就应时刻注意感悟人生。巴尔扎克说过："人生并非布满了玫瑰花，倒是有时路上的荆棘刺痛了你。"的确如此，生老病死、悲欢离合、酸甜苦辣、荣辱成败，才叫生活，才是人生；只有承受一切，进入角色，才成人生；只有理解生活、体验社会，才算人生。

中职生刚开始创业时，会受到各种主、客观条件的限制。主观条件的限制包括确立的创业目标偏高，目前具备的能力和知识暂时不能满足创业的需要等；客观条件的限制包括实现创业目标的社会环境和物质条件还不成熟，确定的创业目标不符合客观规律等。对于创业者来说，许多条件是需要通过积极的争取才能得到的，而且会遇到"万事俱备，只欠东风"的情况，而一旦"东风"不到，就会功亏一篑，所以对创业中的困难、挫折应有充分的准备。

2. 正视困难的磨炼

一个人没有经过困难的洗礼，很难明白人生的真谛。一个不经过困难磨炼的人，不可能有奋勇向前的勇气和毅力。每一次失败、每一次打击、每一次损失，都孕育着成功。它们会让我们在下一次的机会中表现得更为出色。

人们看待成功者，习惯羡慕他成功之后收获的荣誉，却往往忽略了他成功之前付出的努力。其实，无数成功者的经验证明，只有经历大大小小的失败才能最终获得成功。

3. 坚韧不拔才能获得成功

巴尔扎克曾说，不幸是天才的晋升之阶，能人的无价之宝，弱者的无底之渊。为什么"不幸"对于有的人就是"无价之宝"，而对于有的人就是"无底之渊"？因为在不幸的重压下，天才、能人心中的那股强大的毅力，会促使他们顽强地与不幸进行斗争，从而取得胜利、获得幸福。弱者，由于缺乏这种毅力，会被压在万丈深渊之下而无法抽身。

对于困难与挫折，我们要以一种积极的心态去面对它们，把压力变为动力；要有战胜困难与挫折的信心并保持顽强的毅力。只有这样，才能获得成功。

参考文献

［1］张武超，丁虹.职业教育与就业指导［M］.北京：清华大学出版社，2015.

［2］杜运夯，何荣军.创新思维与创业教育［M］.北京：机械工业出版社，2018.

［3］李书华.职业指导与生涯规划［M］.郑州：大象出版社，2007.

［4］任庆凤，李兴华.职业素养与就业指导［M］.北京：机械工业出版社，2019.

［5］夏雷震.就业指导与生涯规划［M］.北京：科学出版社，2007.

［6］董平，石爱勤.职业指导与创业教育［M］.北京：北京大学出版社，2008.

［7］张再生.职业生涯规划［M］.4版.天津：天津大学出版社，2014.

［8］张武超，李俊琦.职业准备与就业指导［M］.2版.北京：清华大学出版社，2013.

［9］李开复.做最好的自己［M］.北京：人民出版社，2005.

［10］袁文龙.为你自己工作［M］.北京：中国传媒大学出版社，2005.

［11］邢邦志.心理素质的养成与训练［M］.上海：复旦大学出版社，2002.

［12］钟立新，陈光建.职业生涯规划与发展［M］.镇江：江苏大学出版社，2014.